Für Emma

gutes leben
bene!

50 Tage, 1075 Kilometer zu Fuß von Bozen nach Rom.
Über die Berge, durch schmale Täler und weite Ebenen,
ans Meer. Immer weiter und weiter. Was uns unterwegs begegnet ist,
was wir erfahren haben, das alles ist schier unglaublich.
Es war weit mehr, als wir erwartet haben.

Thomas Burger, Walter Mair und Thomas Mohr

THOMAS MOHR

MIT DREI LAMAS NACH ROM

Wie ich als Schatten meiner selbst loszog
und unterwegs das wahre Leben fand

Lamas sind ganz erstaunliche Tiere. Unterwegs sind ihnen die Herzen der Menschen zugeflogen. Wer sie sieht, muss unwillkürlich lächeln. Sie haben einen markanten Blick und großes Durchhaltevermögen. Sie gehen ihren Weg, sind eigenwillig und vielleicht gerade deshalb die besten Gefährten für solch eine verrückte Reise – abgesehen von meinen beiden Freunden.

Es war schon viele Jahre lang mein großer Traum, mit meinen treuen Lamas und mit guten Freunden den alten Pilgerweg nach Rom zu gehen. Dies hatte zuvor noch niemand gewagt. Und manches sprach dagegen. Aber was ist, wenn wir nie unseren Träumen nachgehen?

Walter Mair

SPÄT DRAN

Der Nachmittag ist schon fortgeschritten, die untergehende Sonne taucht die Umgebung in ein rötliches Licht und zeichnet lange Schattensilhouetten auf den Weg. Heute haben wir bereits eine Distanz von 33 Kilometern zurückgelegt, die mir schwer in den Gliedern hängen. Meine beiden Kameraden haben vom Start weg eine Gangart angeschlagen, der ich bis jetzt nur mit äußerster Kraftanstrengung folgen konnte. Die wunderschöne Landschaft der Valli di Comacchio in der Po-Ebene zieht unbeachtet an mir vorbei.

Unsicherheit macht sich breit. Wir haben keine Klarheit, welche Strecke wir heute noch bewältigen müssen und wo wir einen Schlafplatz finden werden. Eines steht fest: Wir sind ziemlich spät dran.

Der Fluss Reno, dem wir mit der Abendsonne folgen, mündet östlich in die Adria. Wir müssen vorher nach Süden, Richtung Ravenna einschwenken, um einen der beiden möglichen Übernachtungsplätze zu erreichen, die Tom heute früh auf der Karte in den Blick genommen hat. Bis zur Mündung gibt es aber nur zwei Möglichkeiten, den Fluss zu überqueren: eine kleine Fußgängerfähre soll etwa zwei Kilometer voraus liegen. Sie zu nutzen, würde eine Übernachtung im nahen Sant'Alberto ermöglichen. Alternativ gibt es nur die etwa 15 Kilometer entfernte Brücke über die Staatsstraße 309, die uns nach Mandriole bringen würde. Während wir weiterziehen, fällt mir unwillkürlich eine Szene aus Richard Wagners »Der fliegende Holländer« ein. Dort heißt es: »Nur eine Hoffnung soll dir bleiben …«

Die Hoffnung löst sich augenblicklich in Luft auf, als wir einige Zeit später vor der am Ufer festgetäuten Fähre stehen.

Kein Mensch weit und breit, nur ein Schild mit dem Hinweis »fuori servizio« – außer Betrieb! Das darf doch nicht wahr sein!

»Nur eine Hoffnung soll dir bleiben …«, heißt es in der Oper. Und ich denke an den Schlussakkord: »Vergebene Hoffnung!« Das ist nun der Vernichtungsschlag.

Nach über acht Stunden Wanderung liegen jetzt noch einmal weitere 18 Kilometer bis zu unserem heutigen Etappenziel vor uns. 15 Kilometer bis zur Brücke und drei bis in den nächsten Ort. Wie soll ich das noch schaffen?

Der Weg entlang des Dammes ist an Eintönigkeit nicht zu überbieten; eine unbarmherzige gerade Strecke, die scheinbar ins Nichts führt. Inzwischen ist es dunkel geworden. In den in der Ferne leuchtenden Lichtern meinen wir immer wieder die Brückenbeleuchtung zu erkennen. Ein Trugbild, wie sich herausstellt. Als die Brücke drei Stunden später tatsächlich ins Sichtfeld kommt, kann ich es schon nicht mehr glauben. Bereits seit zehn Kilometern beiße ich die Zähne zusammen. Ich bin derart geschlaucht, dass meine Begleiter schon die ganze Zeit über deutlich langsamer laufen müssen, damit ich überhaupt Anschluss halten kann. Meine Beine sind weich, die Gelenke schmerzen, mein Körper scheint jegliche Kraft verloren zu haben. Ich stehe vor dem sprichwörtlichen Aus!

Kurze Pause. Auf meinen Stock gestützt, versinke ich in Gedanken. Habe ich ernsthaft geglaubt, mit zwei geübten Weitwanderern auf der Wegstrecke von Bozen nach Rom mithalten, tatsächlich eine Distanz von über 1000 Kilometern überwinden zu können? Ich hatte wirklich die irrwitzige Vorstellung, dass sich meine körperlichen Schwächen mit Willenskraft überwinden lassen. Und als geistige Krücke das verniedlichende Bild einer läuternden Pilgerreise mit dem Schwierigkeitsgrad eines Sonntagsspaziergangs im Kopf. Die Zweifel anderer an meiner Eignung zu einer solchen Unternehmung hatte ich einfach weggewischt. Ich wollte es ihnen und vor allem mir selbst beweisen, dass ich die Herausforderung bestehen werde. Dass mich meine Krankheit nicht zu einem Schatten meiner selbst degradiert hat. Diesen Beweis werde ich jetzt schuldig bleiben müssen.

Hinter uns liegen schwierige Etappen, unerbittliche Anstiege, bei Schnee und Temperaturen von bis zu minus 14 Grad und viele Regentage. Ich hatte trotz der unerbittlichen Zweifel, die mich verfolgten, als ich endlich die Realität einer Pilgerreise mit all ihren Mühen und Entbehrungen kennengelernt hatte, nicht aufgegeben. Meine Zuversicht war ungebrochen geblieben. Eine Zuversicht, die bei Licht betrachtet keine tragfähigen Fundamente hatte. Heute bekomme ich die längst fällige Quittung. Nach etwa 48 Kilometern Wegstrecke und über 13 Stunden Marsch haben wir uns am 18. Tag unserer Reise im Nirgendwo inmitten der Weiten der Po-Ebene verloren, für mich eine Sackgasse ohne erkennbaren Ausweg. Ich bin an meiner eigenen Überheblichkeit gescheitert.

AUFBRUCH INS UNGEWISSE

Mein Entschluss kommt weniger spektakulär zustande, als es die Unternehmung selbst vermuten ließe. Ich folge einer freundlichen Aufforderung meines alten Jugendfreundes Thomas Burger. Intuitiv hat er erkannt, was für mich dran ist, und mich zum Mitmachen gedrängt, nicht ahnend, wie es in Wirklichkeit um mich steht.

Gemeinsam mit Walter Mair hat er die Tour schon länger geplant. Die beiden haben alles vorbereitet, wollen in einigen Wochen zusammen aufbrechen. Und ich schließe mich lediglich an, setze mich sozusagen nichts ahnend ins gemachte Nest, ohne mich vorher mit den Details zu beschäftigen. Mein erster Denkfehler. Was für ein Vorhaben! Und warum ausgerechnet Lamas? Es lag auf der Hand: Walter betreibt mit seiner Familie in Oberbozen einen der größten Lama-Zuchthöfe Europas, er hat auch die Idee für die gesamte Unternehmung, wissend, dass es diesen alten Pilgerweg gibt, der direkt vor seiner Haustür beginnt: 1075 Kilometer vom Ritten bis nach Rom. Unglaublich: Er und unser gemeinsamer Freund Tom trauen es mir zu, diese Strecke zu bewältigen. Aber die beiden wissen nichts von meiner Krankheit, noch nicht.

Vor drei Jahren hat man bei mir ein Karzinom diagnostiziert. Zwei Operationen und zwei Bestrahlungseinheiten liegen hinter mir. Als Weihnachten naht, stecke ich in der dritten Behandlungsphase und fühle mich weder geheilt noch zufrieden, sondern vor ein Schicksal ohne Ausweg gestellt.

Gesundheitlich bin ich angeschlagen und in schlechter körperlicher Verfassung, gerade einmal 51 Jahre alt. Jetzt muss und will ich meinem Leben eine Wende geben.

Ich bin mit einer Frau verheiratet, die ich seit knapp 40 Jahren kenne und mit der ich mich nach all der Zeit immer noch in Liebe und Respekt verbunden fühle. Wir haben ein Leben mit allen Höhen und Tiefen miteinander durchlebt. Und ich habe eine Tochter, zwölf Jahre alt, vital, gesund, intelligent und zu jedem jugendlichen Stellungskrieg mit Vergnügen bereit. Beide haben mir meinen Entschluss leicht gemacht. Emma, meine Tochter, ist wie elektrisiert vom Gedanken, dass ihr Vater in Begleitung von zwei Freunden und drei Lamas durch halb Italien ziehen will. Meine Frau Monika versteht, dass ich eine Auszeit brauche.

Aber ist es nicht doch alles ein wenig viel für mich? Eine derart weite Strecke über die Berge, im Frühjahr, bei Wind und Wetter? Und noch dazu mit einer rudimentären Vorbereitung.

Ich war in letzter Zeit, vor allem nach der Diagnose, wenig, eher selten zu Fuß unterwegs. In den letzten Wochen bin ich zur Vorbereitung unserer Tour in München am Isarhochufer entlanggewandert; zuweilen auch bis weit hinauf ins Isartal, nach Wolfratshausen. Aber war dies wirklich ein ausreichendes Trainingspensum für einen Marsch von Oberbozen nach Rom? Und das ganze Vorhaben – ist es nicht völlig verrückt und aussichtslos?

Die Idee hat sich in meinem Kopf festgesetzt. Der Gedanke, es zu wagen, lässt mich nicht mehr los. Ich habe keine klaren Vorstellungen, was die Reise mit sich bringen wird. Aber ich habe mich auch nicht mit überzogenen Erwartungen befrachtet. Allein das Bedürfnis, Danke zu sagen, drängt sich mir immer stärker auf. Danke für alles, was mir in meinem bisherigen Leben möglich war. Deshalb will ich den Weg nach Rom gehen, wie viele Pilger vor mir, obwohl mir das Wort pilgern im Alltag nicht vertraut und eher fremd ist. Mit etwas Vorbereitung werde ich es schon schaffen, raunt mir meine innere Stimme zu. Mein zweiter Denkfehler.

Als ich in Oberbozen loslaufe, bringe ich stolze 115 Kilo auf die Waage. Psychisch bin ich massiv durch eine verheerende

Krebsdiagnose in Mitleidenschaft gezogen. Meine Vorbereitung auf die kräftezehrende Pilgerreise ist rudimentär. Wie naiv kann man sein?

Walter, Tom und ich kurz vor dem Abmarsch

20. FEBRUAR // ABSIEDELN

An dem grauen Wintermorgen sitze ich in dem kleinen Weiler Maria Himmelfahrt am Ritten nach unruhigem Schlaf auf der Bettkante und mache mir erstmalig und natürlich viel zu spät Gedanken, wie ich diese Unternehmung meistern soll. Unentwegt haben mich in der Nacht die Fragen wie stichelnde Geister gequält: werde ich das schaffen, 1075 Kilometer zu Fuß? Werde ich mit meinen Wegbegleitern zurechtkommen, und das über 46 lange Marschtage? Überfordern wir nicht die Lamas? Und wie wird das mit meiner Familie und meiner Kanzlei, die ich einfach zurücklasse?

Jetzt wird es ernst. Mit dem Aufwachen, auf der Bettkante, steht fest: es gibt jetzt kein Zurück. Tom, Walter und ich werden unsere lang geplante Pilgerreise beginnen und in Begleitung von drei Lamas auf der historischen Route der Via Romea Germanica nach Rom pilgern. Ich zähle die Pluspunkte auf der imaginären Liste auf: die beiden haben die Unternehmung akribisch geplant und vorbereitet. Tom hat sich mit Karten im Maßstab 1:50 000, mit einschlägigen Wegbeschreibungen und durch Installation der GPS-Daten auf seinem Mobilfunktelefon mit dem Verlauf des Weges von Oberbozen nach Rom vertraut gemacht. Walter hat mit reichlich Training versucht, die drei Lama-Hengste Buffon, Shaqiri und Tiento auf die Bewältigung einer so weiten Strecke vorzubereiten. Aber er weiß auch um die Unwägbarkeiten. Niemand hat bisher in der Neuzeit Lamas einem Marsch über eine derartige Distanz ausgesetzt. Erste Maxime war deshalb für ihn, die Tiere mit möglichst wenig Gepäck zu beladen.

Ich blicke auf meinen Rucksack, der abmarschbereit an der Wand lehnt. Jedes Ausrüstungsteil habe ich einzeln gewogen und dabei versucht, hier und da ein paar Gramm zu sparen.

Dennoch bringt der Rucksack knapp zwölf Kilo auf die Waage, Ausrüstung für sechs Wochen. Allein den Schlafsack und das Zelt, insgesamt etwa vier Kilo schwer, wird das mir zugewiesene Lama mit dem wundersamen Namen *Tiento* für mich tragen. Habe ich alles dabei, nichts vergessen? Oder ist es doch zu viel?

Besser: wird es mir am Ende zu viel? Fragen über Fragen.

Um acht Uhr sind wir am Kaserhof verabredet. Dort angekommen, sehe ich Walter mit seiner Frau Sabine in der Wirtsstube stehen, die gerade renoviert und umgebaut wird. Walter kann nur in der Zeit des Betriebsurlaubs überhaupt an eine

sechswöchige Auszeit denken, während der Saison wäre seine Abwesenheit für den Familienbetrieb nicht vorstellbar. Aufgeregt gibt er gerade letzte Anweisungen. In seinem Gesicht sehe ich, dass er letzte Nacht genauso schlecht geschlafen haben muss wie ich. Tom hingegen wirkt ausgelassen und freut sich sichtlich auf den Beginn der Unternehmung. Nach erfolgreichen Jahren im Management eines europaweit agierenden Holzbauunternehmens hat er sich ein Sabbatjahr erkämpft. Im Anschluss an die Pilgerreise nach Rom will er den gesamten Alpenbogen von Montecarlo nach Triest wandern. Und im

Herbst plant er noch eine fünfwöchige Tour im Himalaja. Es wirkt so, als wäre er innerlich völlig frei.

Letzte Vorbereitungen: Schuhe schnüren, Rucksack aufschnallen. Wo ist die Mütze? Ich nehme meinen Lama-Hengst Tiento am Halfter. Auf das Abschiedsfoto gebannt ist unsere Skepsis nicht zu verleugnen. Wie Tiento so neben mir steht, scheint auch er nicht auf dieses Abenteuer versessen zu sein.

Walter läuft los, Tom und ich folgen mit unseren Tieren, jetzt sind wir wirklich auf dem Weg. Es weht ein kalter Wind, Schneereste säumen die Ränder unserer Route.

Die drei Lama-Hengste:
Tiento de Oro, Silky Lama, * 4. April 2013
Buffon de Oro, Wooly Lama, * 27. August 2006
Shaqiri de Oro, Wooly-silky Lama, * 1. Juni 2011

Lamas gehören zur Gruppe der sogenannten Neuweltkamele, die im Unterschied zu den Altweltkamelen keinen Höcker haben. Sie stammen vermutlich vom wild lebenden Guanako ab und wurden bereits ab dem 3. Jahrtausend v. Chr. von den Andenvölkern domestiziert und vor allem als Lasttiere, aber auch als Fleisch-, Woll-, Leder- und Fettlieferanten gehalten. Somit hatte das Lama eine herausragende Bedeutung: Zur Zeit der spanischen Eroberung Südamerikas wurden von den Inkas und mit ihnen verbündeten Völkern rund zehn Millionen Lamas gehalten.

Dass Lamas spucken, stimmt, in den meisten Fällen tun sie dies allerdings, um die Rangordnung in der Herde festzulegen und aufdringliche Artgenossen auf Abstand zu halten. Besonders zeichnen sich Lamas durch ihre freundliche, neugierige und sanfte Wesensart aus.[1]

Die Via Romea Germanica folgt einer alten Wegbeschreibung, die der Mönch Albert von Stade anlässlich seiner Pilgerreise im Jahr 1236, die ihn aus seiner Heimatstadt, nordwestlich von Hamburg, nach Rom führte, in einem Tagebuch festgehalten hat. Die Route führt dabei auch über den Ritten. Damalige Italienreisende mussten den beschwerlichen Weg über das nördlich von Bozen gelegene Hochplateau nehmen, da das Eisacktal mit seinen engen Schluchten und dem wilden Fluss zu diesem Zeitpunkt nicht passierbar war.

Unten im Dorf hat sich zu unserer Verabschiedung ein Grüppchen aus Freunden und Bekannten versammelt. Ich spüre die heimlichen Blicke auf die athletischen Figuren meiner Kameraden und auf meine Figur, die eher an August den Starken erinnert. Ich werde das mit mentaler Fitness ausgleichen, Wille ist alles.

Die Anwesenden streicheln die Lamas und knipsen Selfies, es folgt ein Gruppenfoto mit dem Pfarrer. Dann geht es weiter nach Maria Himmelfahrt. Ein paar Leute aus dem Dorf, unter anderem meine Frau Monika, haben sich entschlossen, uns noch bis nach Bozen zu begleiten. Wir steigen über den alten Weg ins Tal ab, den schon seit Jahrhunderten ganze Generationen von Sommerfrischlern auf- und abgestiegen sind, auf der Flucht vor der Hitze im Bozner Talkessel. Für drei Monate zog man auf den Berg, um dann im Spätsommer wieder nach Bozen »abzusiedeln«.

Heute ist es umgekehrt, wir genießen den Abstieg ins Tal. Denn je weiter wir absteigen, desto wärmer wird die Luft. Am Ebnicher-Hof angekommen machen wir halt. Es ist Ruhetag, aber als der Wirt hört, dass wir gerade zu einer Pilgerreise zu Fuß nach Rom aufgebrochen sind, bewirtet er uns doch mit Speckknödeln und Krautsalat. Wir sitzen auf der Terrasse mit Blick auf den noch verschneiten Rosengarten. Vor uns auf der Wiese weidet eine Gemse, dahinter öffnet sich der Blick auf den Talkessel von Bozen. Die Lamas fressen Heu, das der Wirt vor

ihnen ausgebreitet hat. Die Tiere sind äußerst genügsam, sie ernähren sich von Gras und Heu. Ab der Po-Ebene, so das Kalkül Walters, werden sie ausreichend frisches Gras entlang der Wegstrecke und auf der abendlichen Weide finden. Im noch winterlichen Südtirol und Trentino werden wir Heu zu besorgen haben. Und als Ausgleich für die körperliche Anstrengung haben wir zusätzlich Kraftfutter in die Satteltaschen gepackt.

Walter drängt zum Aufbruch, um 15 Uhr ist in Bozen auf dem Waltherplatz eine Pressekonferenz angesetzt, zu der wir pünktlich erscheinen wollen. Das wird knapp. Wir folgen den Wegweisern der Via Romea Germanica, die uns schnellen Schrittes über steile Wege schließlich in die Altstadt von Bozen führt. Der steile Abstieg macht sich in meinen Kniegelenken bemerkbar. Wieder meldet sich eine innere Stimme und flüstert mir zu: »Du magst einen starken Willen haben – aber du mutest dir gerade ziemlich viel zu. Merkst du nicht, dass ein einziger Abstieg schon deinen Knien schadet, einfach weil du zu viel Gewicht mit dir herumschleppst? Noch ist Zeit umzudrehen …«

Tom reißt mich aus meinen Gedanken, indem er mir ein fröhliches: »Gleich sind wir unten« zuruft. Seine Augen funkeln vor Freude über den Beginn unserer Tour.

Auf dem Waltherplatz angekommen, trauen wir unseren Augen nicht. Eine nicht erwartete Fülle von Schaulustigen und Presseleuten erwartet uns. Tom und Walter antworten auf unzählige Fragen der Journalisten und geben Fernseh- und Radiointerviews, während ich mit vielen Mitgliedern des italienischen Alpenvereins und des Vereins der Via Romea Germanica spreche. Hochwürden Benedikt Hochkofler, Pfarrer auf dem Ritten, hat Mühe, durch die Masse zu uns durchzudringen. Als er schließlich neben uns steht, spricht er mit sonorer Stimme den Pilgersegen.

Es wird Zeit, dem ganzen Rummel zu entfliehen, wir brechen auf und verlassen die Stadt. Weinreben, so weit das Auge reicht, lediglich durchbrochen von einzelnen Hofstellen. Der Übergang von Beton zu Natur kommt abrupt.

Der Hausherr eines Weinhofes, den wir als Nachtquartier auserkoren haben, empfängt uns freundlich. Unterkunft und Verpflegung für die Lamas stehen schon bereit. Wir selbst werden fürstlich bewirtet. Ich schlafe mit dem tröstlichen Eindruck ein, dass die Pilgerreise ruhig so weitergehen könne.

21. FEBRUAR // RAUREIF

Das gute Gefühl am Vorabend war trügerisch. Denn als ich mich aus dem Bett erhebe, kann ich meine Beine kaum bewegen. Erst nach ein paar mühsamen Schritten habe ich meinen Bewegungsapparat wieder einigermaßen unter Kontrolle. Auf was habe ich mich da eingelassen?

Das wird schon, rede ich mir ein, während ich meine Füße mit einer Creme einreibe, die die Haut festigen und dadurch meine Füße vor Blasen und Druckstellen bewahren soll. Ich glaube an sich nicht an die Wirkung der Creme, habe aber das Bedürfnis, mich irgendwie für das Kommende zu wappnen. Das Thermometer zeigt zwei Grad Celsius.

Tom und Walter sind beim Frühstück in beängstigend guter Laune. Dann treten wir ins Freie. Der mir anvertraute Tiento hat eine Schicht Raureif auf dem Rücken und will den von ihm zuvor eroberten Heuballen nicht hergeben.

Das Fell von Lamas hat bemerkenswerte thermische Eigenschaften. Es ist so dicht, dass so schnell kein Regen, kein Schnee, keine noch so niedrigen Temperaturen in die tieferen Schichten des Körpers durchdringen können. Umgekehrt isoliert es so gut, dass der Reif trotz der Körperwärme nicht schmilzt.

Es ist Zeit, ich hole meinen verträumten Tiento aus dem Stall. Widerwillig lässt er sich sein Halfter anlegen, während es – so der Anschein – für seine tierischen Mitpilger, die beiden Sportskanonen Shaqiri und Buffon, schon direkt losgehen könnte.

Tiento schabt sich an meinem Rücken und macht auf sich aufmerksam, indem er immer wieder einen sonderlichen Laut, eine Art Jaulen von sich gibt. Walter beruhigt mich: Tiento will nur kommunizieren, ein wenig plaudern. Was soll ich sagen? Mir ist gerade auch ein wenig sonderbar zumute …

Es folgt die Kontrolle, ob die Riemen gut sitzen und die Packtaschen richtig ausbalanciert sind. Nach einer kurzen und dankbaren Verabschiedung von unseren ersten Gastgebern Karin und Georg laufen wir los und folgen dem Weg durch die Weinreben auf Schloss Sigmundskron zu. 26 Kilometer liegen heute vor uns. Die Sonne ist noch nicht aufgegangen, erleuchtet aber bereits den in unserem Rücken liegenden Schlern von hinten und taucht ihn in einen gleißenden Schimmer. Trotz der morgendlichen Kälte schwitze ich beim Anstieg zum Schloss hinauf, der Rucksack hängt wie ein schwerer Mehlsack an meinem Rücken.

Welche Lasten tragen wir mit uns, wenn wir gehen? Irgendwie ist der Rucksack ein gutes Bild für das Gepäck, das wir uns auch sonst aufbürden. Mich belastet gerade vor allem eines: der quälende Gedanke, ob ich nicht dabei bin, den Fehler meines Lebens zu machen, indem ich mich auf diese Reise eingelassen habe. Was soll das hier eigentlich werden – eine Flucht vor meiner Krankheit oder vor der Verantwortung, die ich tagtäglich für meine Familie, meine Mitarbeiter und meine Mandanten schultere? Tausche ich hier nicht nur das Gewicht der Gedanken gegen die körperliche Last des Rucksacks? Und wer hat mir eigentlich eingeredet, dass so tatsächlich eine Entlastung eintritt und die Pilgerreise nicht zu einer zusätzlichen Belastung wird?

Mehr als die Hälfte der Wegstrecke der heutigen Etappe von der Kaiserau nach Tramin wird uns über asphaltierte Wege führen. Auf Anraten von Thomas, der die meiste Trekkingerfahrung von uns besitzt, haben wir uns sogenannte Trailrunning-Schuhe mit einer speziellen Sohle zugelegt, die die Beanspruchung der Gelenke beim Marsch über den unerbittlichen Asphalt abmildern soll. In der Tat, die Schuhe sind erstaunlich leicht, bequem, weich und geben das Gefühl eines federnden Ganges.

Nachdem wir den ersten Anstieg durch den Mischwald hinauf zu Schloss Sigmundskron geschafft haben, stehen wir vor dem Eingangstor. Dieses Mal verzichten wir auf eine Besichtigung des Messner Mountain Museums und laufen weiter in Richtung Montiggler Seen und dann durch die Weinberge nach Girlan. Tom und Walter begrüßen erstaunte Passanten und Einheimische, die wir auf dem Weg treffen, mit der Frage, wie weit es denn noch nach Rom sei. Worauf sich jedes Mal ein breites Lachen und ein neugieriges Interesse an unserer kuriosen Unternehmung ergeben. Einige wollen Details über die Lamas wissen – etwa über deren Aufzucht, den Charakter und ihre besonderen Eigenschaften. Lamas sind der Familie der Kamele zuzurechnen, sogenannte Kameloiden, die vom Guanaco abstammen. Ursprünglich waren sie nur in den

Anden heimisch. Sie sind Herden- und Fluchttiere und ernähren sich von Heu, Gräsern, Sträuchern, Flechten und anderem. Und nein, sie spucken keine Menschen an. Sie setzen diese Waffe nur untereinander ein, etwa bei Streitigkeiten zur Klärung der Rangordnung oder bei allzu großer Aufdringlichkeit eines anderen Artgenossen. Lamas können eine Risthöhe von bis zu 120 Zentimeter und ein Körpergewicht von bis zu 150 Kilo erreichen. Tiento, das schwerste der drei tierischen Pilger, bringt stolze 141 Kilo auf die Waage und ist insofern das mir entsprechende Lama. Lustig die Ausformung der Ohren – länglich und leicht gebogen, erinnern sie an die Form von Bananen. Lamas werden vorwiegend als Lasttiere eingesetzt, wobei ihre Tragekapazität auf etwa ein Viertel ihres Körpergewichts begrenzt ist.

Durch einen wunderschönen Kiefernwald kommen wir zum ersten der Montiggler Seen. Er liegt auf einer Lichtung, und es sieht so aus, als wäre er am Ende des Sommers überstürzt von den Badegästen verlassen worden. Eine hölzerne Schwimminsel liegt vertäut mitten im noch leicht zugefrorenen See. Der große und der kleine Montiggler See sind eiszeitliche Relikte, sie liegen in Becken von Gletschermoränen. In einem Hotel an der Westseite des Sees machen wir Rast und essen zu Mittag.

Der Steig hinter dem Haus führt abwärts ins sogenannte Frühlingstal. Während überall in Südtirol noch Frost und Winter vorherrschen, beginnt die Vegetation sich dort stets am schnellsten aus den winterlichen Fängen zu befreien. Heute ist es anders: Auf abschüssiger Strecke breitet sich ein weites Eisfeld vor uns aus. Bei dem Versuch, vorsichtig den Hang hinunterzurutschen, verliere ich beinahe das Gleichgewicht und denke »willkommen im Frühling«. Aber je weiter wir vordringen, umso üppiger wird die Vegetation dann doch, überall sprießen Schneeglöckchen und jede Menge anderer Vorboten der warmen Jahreszeit.

Als sich schließlich der Kalterersee in einer sonderbaren grün-bläulich schimmernden Farbe in voller Größe vor uns ausbreitet, ist die Sonne hinter einer grauen Wolkendecke verschwunden. Ich lasse den Blick schweifen: Weinanbau, so weit das Auge reicht, östlich auf einer der Anhöhen des Mitterbergs die Ruinen der Laimburg. Südöstlich an den Hang geschmiegt, meine ich das Dorf Tramin zu erkennen, das Ziel der heutigen Etappe.

Ich frage Tom, ob er schon eine Idee hätte, wo wir heute übernachten können. Anscheinend nicht, denn er blickt zu Walter hinüber, der trocken meint, dass sich schon etwas finden werde. Mir fällt eine Freundin ein, die mitten in Tramin ein Haus mit einem Garten besitzt. Tom ruft sie kurz entschlossen an, kann sie aber nicht erreichen.

Vom Mitterberg steigen wir ab bis zum Schilfgürtel, der den Kalterersee umgibt. Über eine Art Holzsteg laufen wir immer tiefer in den Schilfgürtel hinein, der teilweise zu einem regelrechten Schilftunnel zusammengewachsen ist. Nach etwa 300 Metern beginnen die Lamas unruhig zu werden, links und rechts nur Wasser und Schilf, in der Mitte der breite, aber wackelige Holzsteg. Dort wo das Schilf stellenweise lichter ist, hat man einen Ausblick auf eine Moorlandschaft.

Als wir wieder festen Grund unter den Füßen haben, lassen wir die Lamas grasen. Die ersten Sonnenstrahlen der letzten Tage haben bereits vereinzelt Grashalme sprießen lassen.
Toms Mobiltelefon läutet. Erika, die Freundin aus Tramin, meldet sich. Nach einem ersten Zögern steht fest, dass sie die drei Lamas und uns beherbergen wird.

Bei Sonnenuntergang erreichen wir ihr Haus und können die Lamas in einem kleinen Weinberg grasen lassen. Für die Tiere hat Erika schon Heu und Wasser bereitgestellt. Eine Freundin von ihr fährt Walter und Tom zum örtlichen Pfarrer, der uns den Stempel der Pfarrei auf unserer Credenziale, dem Pilgerausweis, aufbringen soll. Erika hilft mir währenddessen bei der Versorgung der Lamas. Die einsetzende Februardunkelheit lässt die Temperatur fallen, wir sind froh, dass wir ein warmes Quartier gefunden haben. Meine Zuversicht, die Reise bestehen zu können, steigt wieder, und so nehme ich diesen Optimismus mit in die Nacht.

22. FEBRUAR // JETZT SIND WIR WIRKLICH WEG

Erst weit nach Mitternacht konnte ich Schlaf finden, weil meine Hüftgelenke derart schmerzten. Entsprechend gerädert fühle ich mich heute Morgen. Meine innere Stimme tritt eine angeregte Diskussion zum Thema »Wie blöd kann man sein?« los. Ich unterbreche das Theater und beginne zu packen. Aufgeben ist nicht.

Erika hat, ohne uns zu wecken, das Haus gegen sechs Uhr morgens verlassen, um ihre Tochter in die Schule zu fahren und danach arbeiten zu gehen. Ihr Bett hatte sie gestern Abend für Walter und Tom geräumt und zusammen mit ihrer Tochter im Kinderzimmer geschlafen, um uns morgens nicht wecken zu müssen.

Gegen sieben Uhr verlassen wir das Haus, bürsten die Lamas und machen uns abmarschbereit.

Die heutige Etappe soll uns nach Salurn, der Grenze zwischen den Provinzen Südtirol und Trentino, führen. Laut Wanderführer ist die Strecke 17,6 Kilometer lang, 360 Höhenmeter gilt es zu überwinden, »Schwierigkeitsgrad leicht«. Vermeintlich ein Klacks. Aber Tom und Walter haben andere Pläne, sie wollen noch ein paar Kilometer dranhängen und bis zum Weiler Cadino gehen. Ich habe keine Einwände, werde aber auch gar nicht gefragt. Die Stimmung ist gut, das Panorama wunderbar: Weinberge und Apfelbäume, wohin das Auge reicht, durchbrochen von verträumten Dörfchen.

Mein Mobiltelefon klingelt. Vor der Abreise hatte ich mir in München noch ein Prepaid-Handy mit einer neuen Nummer gekauft, die ich nur Monika und Emma gegeben habe. Ich wollte während unserer Pilgerreise nur wenige oder am besten keine Telefonate führen und mich ganz auf den Weg, meine Begleiter und auf die Tiere konzentrieren. Denn ich war der

Auffassung, auch innerlich Abstand gewinnen zu müssen. Monika hatte ich gebeten, die anstehenden Angelegenheiten so weit wie möglich selbst zu erledigen. Daran hat sie sich gehalten, ich hingegen nicht. In den hinter mir liegenden eineinhalb Tagen habe ich gefühlt pausenlos selbst in meiner Anwaltskanzlei angerufen, um mich nach den neuesten Entwicklungen zu erkundigen und Anweisungen zu erteilen.

Wir erreichen Kurtatsch über den Höhenweg, am Dorfeingang säumen Trockensteinmauern die Pflasterwege, rechts am Wegesrand plätschert ein Dorfbrunnen. Wir führen die Lamas dorthin, um sie zu tränken, sie stecken kurz die Nase in das Nass, nur Buffon nimmt ein paar Schlucke. In der Dorfbar gibt es Frühstück. Die Lamas machen wir direkt vor der Terrasse fest, um sie von der Gaststube aus im Blick zu haben. Andere Gäste der Bar scharen sich um unsere Lamas, fachsimpeln über die Ähnlichkeit mit Kamelen und Dromedaren und wundern sich einerseits über die leichte Bepackung der Tiere und andererseits über unsere schweren Rucksäcke. Es sind zumeist Landwirte, die in den Lamas Nutztiere sehen und davon ausgehen, dass wir sie eigentlich zur Gepäckbeförderung mitgenommen haben müssten.

Währenddessen strömen aus dem gegenüberliegenden Gebäude, der örtlichen Grundschule, zahlreiche Kinder ins Freie. Offensichtlich ist ihrer Neugier nach den exotischen Tieren vor den Fenstern nachgegeben worden. Mehrere Klassen stehen nun bewundernd vor unseren drei Lama-Hengsten. Walter hält zur Freude des Lehrpersonals einen routinierten Vortrag über seine Tiere. Die Lamas lassen sich bereitwillig streicheln, Tiento liegt noch am Boden, die Präsenz der lebhaften Kinder hat ihn nicht einmal dazu verleiten können aufzustehen. Und ich habe endlich Zeit, in Ruhe eine Zigarette zu rauchen. Nach einer Viertelstunde ist der Spuk vorbei, zurück bleibt die Erinnerung an die lachende und fröhliche Kinderschar.

Die nächsten Ziele sind Margreid, dann Kurtinig. Der Weg führt quer durch die Weinberge und steigt an, bis wir die oberste Grenze, an der noch Wein angebaut wird, erreicht haben. Von dort aus haben wir wie tags zuvor einen fantastischen Blick ins Etschtal. Nordöstlich sehen wir bis nach Petersberg, südöstlich bis nach Neumarkt. In südlicher Richtung liegt, an der Klause, Salurn.

Nach längerem Abstieg erreichen wir das in der Talsole des Etschtals liegende Margreid. Der Weg ins Dorf führt über eine viel befahrene Straße. Gehsteige – Fehlanzeige. Fahrzeuge jeder Größe passieren uns und unsere Lamas mit rücksichtsloser Geschwindigkeit, Sicherheitsdistanzen werden nicht eingehalten.

Im Dorf ist nicht viel los, lediglich vor der von uns angesteuerten Bar stehen Handwerker und ein paar Weinbauern, die amüsiert und interessiert unsere Ankunft beobachten.

Wir sind spät dran für die Distanz, die noch vor uns liegt, und verlassen Margreid deshalb zügig in südöstlicher Richtung. Auch der nächste Ort, Kurtinig, scheint am winterlichen Spätnachmittag nahezu ausgestorben zu sein. Erst als wir am Dorfplatz ankommen und die Lamas auf der Wiese vor der Kirche festmachen, gehen vereinzelt Fenster von neugierigen Anrainern auf.

Die Frage nach der heutigen Unterkunft ist noch nicht geklärt. Der Wanderführer enthält für Cadino, unser Tagesziel, gerade einmal einen Eintrag. Tom ruft an, eine freundliche Dame meldet sich und bestätigt freudig ein Dreibettzimmer. Als die Rede auf die Lamas kommt, herrscht auf der anderen Seite der Leitung auf einmal pures Entsetzen. Wie wir uns das vorstellen würden, sie hätte Hunde, Katzen und diverses Federvieh? Nein, Lamas zu bewirten sei ihr unmöglich, sie hat weder Stall noch Weide. Nach Beendigung des Telefonats herrscht Ratlosigkeit.

Eine Brücke, die zunächst die Autobahn A 22 und dann die Etsch überspannt, soll uns auf den östlich des Flusses gelegenen Damm führen. Auf diesem verläuft der Fahrradweg von Bozen nach Trient. Die Lamas werden unruhig, offensichtlich scheuen sie den unter ihren Beinen tosenden Verkehr. Als wir über der zweiten Autobahnspur angelangt sind, überholen sich unter unseren Füßen zwei Lastwagen. Buffon, der die Situation nicht einschätzen kann, bekommt Panik. Mit einem Satz springt er los und rennt zum Brückenende, Tom kann ihn nicht mehr halten. Shaqiri und Tiento haben die Nervosität des Leithengstes längst bemerkt und rennen nun fast zeitgleich los. Erst am Ende der Brücke können wir die Tiere einholen und beruhigen. Auf dem Damm hat sich bereits eine Traube schaulustiger Radfahrer gebildet, ältere Damen mit Klapprädern, Mountainbiker, Rennradfahrer beim spätnachmittäglichen Training. Fröhliches Erstaunen über den soeben hingelegten kuriosen Auftritt unserer seltsamen Karawane.

Auf die Frage, wie weit es denn noch nach Cadino sei, erhalten wir unterschiedlichste Kilometer- und Zeitangaben. Am plausibelsten klingt uns die eines Rennradfahrers, der von 7,5 Kilometern und etwa zwei Stunden Marsch spricht. Es ist 17 Uhr, und wir haben noch kein Nachtquartier, also nichts wie weiter. Meine Beine sind bleischwer, die innere Stimme säuselt penetrant: »Warum tust du dir das eigentlich an?«

Entgegenkommende Radfahrer halten an, sogar Lastwagenfahrer hupen von der Autobahn herüber, um uns zu grüßen; alle magisch angezogen vom Anblick unserer tierischen Begleiter. Eine knappe Stunde später kommt uns in der aufkommenden Dunkelheit eine ältere Dame auf einem Klapprad entgegen, die vorher bereits unsere Brückenüberquerung in Kurtinig beobachtet hat. Sie ist nach Salurn geradelt, um für die Lamas Bananen, Karotten und Äpfel einzukaufen. Als wir uns für die nette Idee bedanken und ihr gleichzeitig erklären, dass Lamas, anders als Pferde, derlei Obst und Gemüse nicht essen, währt die Enttäuschung nur kurz. Sie steckt die Karotten wieder ein und übergibt uns die Bananen und Äpfel mit der Bemerkung, dass wir wohl selbst sicher auch hungrig seien.

Als wir Salurn östlich umgehen, überschreiten wir die Grenze zum Trentino an der Salurner Klause. Am Geiersberg, direkt oberhalb Salurn, liegt die Haderburg, einem Adlernest ähnlich; dunkel erheben sich die Mauern und Türme in der Dämmerung. Den westlichen Teil der Klause bildet der Fennberg. Seit alters verläuft hier die Grenze zwischen dem deutschen und italienischen Sprachraum. Wir fühlen uns, als hätten wir jetzt erst unsere Heimat verlassen, als ginge die Pilgerreise nun endgültig los. Alle drei sind wir in Südtirol auf dem Ritten aufgewachsen, Tom hat zunächst die Volksschule in Bozen besucht, ist dann aber endgültig nach Oberbozen auf den Ritten gezogen, als seine Eltern dort ein Obst- und Gemüsegeschäft eröffneten. Walter war schon immer hier zu Hause. Zusammen mit seiner Frau Sabine hat er sich auf dem Kaseracker, einem etwa 15 Hektar großen Grundstück am Ortsrand Oberbozens, den Traum von einer Pferde- und schließlich

Lama- und Alpakazucht erfüllt, nachdem er zuvor lange als Tischler gearbeitet hatte. Ich war im Alter von drei Jahren mit meinen Eltern von Hamburg nach Oberbozen gezogen. Tom habe ich im Franziskaner-Gymnasium in Bozen kennengelernt. Da waren wir beide zehn Jahre alt.

Noch fünf Kilometer sind es nach Cadino, zwischenzeitlich ist es dunkel geworden. Vor Müdigkeit kann ich kaum noch die Füße heben, jeder Schritt fällt schwer. Mit Sonnenuntergang ist es empfindlich kalt geworden. Walter ist nervös, weil die Unterkunft und Fressen für die Lamas noch nicht sichergestellt sind. Wieder meldet sich meine innere Stimme: »Du machst immer die gleichen Fehler, lernst du nie daraus? Dein Leben ist gepflastert davon. Überschäumende Begeisterung für ein Thema hat dich immer wieder zu Unternehmungen verführt! Objektive Bedenken anderer oder eine warnende innere Stimme wischst Du einfach zur Seite. Du redest dir ein, mit den offensichtlichen und damit erwartbaren Problemen schon fertigzuwerden. Nach dem Motto: ›Das Ziel ist lohnend, so dicke wird es auf dem Weg dorthin schon nicht kommen.‹ Was für ein bescheuerter Optimismus!«

Aber heute kommt es anders als erwartet: In Cadino treffen wir als Erstes auf die Wirtin, die uns nachmittags eine Abfuhr erteilt hat. Sie zerfließt förmlich beim Anblick unserer Tiere: »Sagt doch gleich, dass Lamas so friedlich und freundlich sind, wir werden sicher einen Platz für die Tiere finden«. Dann geht alles sehr schnell: Ein Grüppchen hilfreicher Menschen schafft Heu und Klee herbei. Walter findet die passende Einzäunung als Nachtquartier für die Lamas; schnell absatteln und die Tiere versorgen, denn es ist bitterkalt. Dann beziehen wir die Pension, die uns bis vor Kurzem verwehrt schien. Während des Abendessens gesellt sich ein Mann zu uns, der uns die nächsten vier Tage über Trient, den Passo del Cimirlo ins Valsugana und bis nach Cismon del Grappa führen wird. Gigi Zoppello, ein passionierter Bergwanderer.

23. FEBRUAR // WO WOLLT IHR KOMIKER DENN HIN?

Als ich gegen sieben Uhr aufwache, packen Walter und Tom schon ihre Rucksäcke, während ich erst mit Verzögerung in die Gänge komme. Wieder einmal habe ich unruhig geschlafen, aber die kalte Dusche und ein doppelter Espresso bringen meine Lebensgeister zurück.

Nach dem Frühstück der obligatorische Fototermin mit Wirtin und Lamas vor dem Restaurant. Auch verschiedene Fernfahrer, die ihre Fahrzeuge über Nacht auf dem großen Parkplatz am Ortsrand abgestellt haben, kommen aus ihren Schlafkojen und posieren in Trainingshosen und Unterhemden mit den Lamas stolz vor ihren riesigen Trucks. Die Tiere verbreiten einfach gute Laune.

Als wir endlich loskommen, ist es schon nach neun Uhr. Cadino liegt im Schatten des Geiersberges, der hier Monte Alto genannt wird. Die Kleidung ist klamm, und es weht ein kalter Wind, als wir den Weg zum Damm zurückgehen, von wo aus wir gestern gekommen sind.

Bis nach Trient sind es auf dem Fahrradweg durchs Etschtal knapp 30 Kilometer. Lkw-Fahrer auf der Autobahn hupen zur Begrüßung, Autofahrer bleiben auf Seitenstraßen stehen, steigen aus dem Wagen, laufen uns mit ihren Familien hinterher und verwickeln uns in Gespräche, während sie die Lamas streicheln und Fotos schießen. Als ich feststellen muss, dass ich keine Zigaretten mehr habe, geht eine Frau wortlos zum Auto zurück und bringt mir ihr Päckchen. Das von mir angebotene Geld wehrt sie entrüstet ab.

Wieso rauche ich eigentlich noch, wollte ich nicht diese Pilgerreise nutzen, um mein Leben grundlegend zu verändern? Die Antwort bleibe ich mir schuldig, auch weil mein Mobiltelefon gerade wieder einmal läutet. Es ist die Kanzlei.

Jemand braucht heute dringend eine Unterschrift von meiner Mandantin und mir auf einer Vergleichsvereinbarung, die einen über 20 Jahre andauernden Rechtsstreit beilegen soll. Und das ausgerechnet jetzt? Die Mandantin sitzt in Namibia und ich hier auf dem Etschdamm. Ich lasse ausrichten, dass man sich meine Unterschrift heute Abend in Trient abholen kann, die Unterschrift der Mandantin sei ja wohl entbehrlich, ich bin schließlich bevollmächtigt, sie zu vertreten. Schluss jetzt!

Zwischen S. Michele all'Adige und Nave S. Rocco steigen wir vom Damm ab und setzen uns auf eine Wiese. Tom zieht eine Thermoskanne mit Tee und seine Spezialmischung, die aus verschiedenen Nüssen, getrockneten Früchten und Gummibärchen besteht, aus dem Rucksack. Walter und ich haben nicht daran gedacht, etwas Essbares für die Mittagspause einzupacken. Entsprechend greifen wir bei Tom zu. Zur Abwechslung läutet jetzt dessen Telefon. Ein gemeinsamer Freund ruft an und erkundigt sich, wie es uns geht. Speziell will er wissen, was ich für einen Eindruck mache und ob ich es wohl nach Rom schaffen werde. Tom und Walter sehen zu mir herüber. Auf einem Stein sitzend rauche ich eine Zigarette. Tom stellt trocken fest: »Solange Thomas noch raucht, geht's noch …«

In Lavis führt unsere Route, da es hier keine Brücke gibt, von der Etsch weg in westlicher Richtung. Wir laufen nun entlang des Flusses Avisio, der in die Etsch mündet. Die Stelle ist ein beliebter Rastplatz für Zugvögel, die hier auf ihrem Weg nach Süden Rast machen. Erst drei Kilometer flussaufwärts erreichen wir eine Brücke, auf der wir den Fluss überqueren können. Von dort geht es wieder in östlicher Richtung flussabwärts bis zum Etschdamm. Nochmals eine Stunde zusätzlicher Marsch, vier Kilometer Weg, ohne dass wir unserem Etappenziel auch nur einen Schritt näher kommen. Wenn ich schon mit so geringfügigen Umwegen hadere, wie soll ich dann bis nach Rom kommen?

Am Etschdamm stoßen wir auf ein enormes Gebäude, mit einer hohen Mauer und Wachtürmen – die Justizvollzugsanstalt von Trient. In den oberen Etagen sitzen Männer am geöffneten Fenster hinter Gitterstäben und rauchen. Als sie uns und unsere Lamas entdecken, beginnen sie wild zu gestikulieren. Aus rauen Kehlen schallt ihr Spott zu uns herüber: »Wo wollt ihr Komiker denn hin mit diesen Kamelen?« Die Antwort Walters fällt nicht weniger trocken aus: »Nach Rom, und ihr?« Laut lachend erklären uns die Knastbrüder, dass es momentan nicht sehr weit her sei mit ihrer Bewegungsfreiheit.

Im nächsten Moment hält ein Fahrzeug der Polizia Penitenziaria neben uns; zwei bewaffnete Wachleute steigen aus. Es macht den Eindruck, als ob sie uns von der Konversation mit den Gefangenen abhalten wollen. Walter versucht die Situation zu entspannen, indem er sich für unsere Überschreitung der zulässigen Höchstgeschwindigkeit innerhalb geschlossener Ortschaften entschuldigt und versichert, dass so etwas nicht mehr vorkommen werde. Die Beamten lachen herzlich und geben zu erkennen, nur mal diese schönen Tiere aus der Nähe betrachten zu wollen. Walter stellt ihnen die Lamas vor, währenddessen telefoniert Tom mit Gigi, der unser Nachtquartier für heute Abend organisiert hat. Ich setze mich auf eine Bank am Rande des Weges und nutze die Pause zum Rauchen. Nach über 20 Kilometern Asphaltstrecke brennen die Füße, und mir scheint, Tiento hat auch nicht mehr wirklich Lust am Wandern. Ich habe ihn die letzten zehn Kilometer hinter mir herziehen müssen. Insgesamt scheint er von der Sinnhaftigkeit der Unternehmung wenig überzeugt zu sein. Kein Wunder, er hat in seinem Führer ja auch kein Vorbild, das ihm Kraft und Vertrauen einflößen könnte.

Als wir die Vororte Trients hinter uns gelassen haben, entdecken wir Gigi, der am Etschdamm auf uns wartet und uns eröffnet, dass er für die Lamas auf halber Höhe zum Passo del Cimirlo ein Nachtquartier in einem Pferdehof gefunden hat. Auch wir könnten dort auf der Passhöhe übernachten, es gebe dort ein hübsches Bed & Breakfast. Der Pferdeanhänger für den Transport der Lamas stünde in einer knappen Stunde in der Nähe des Zentrums von Trient bereit. Gesagt, verschwunden.

Unser Einzug in Trient wird von zahlreichen Menschen begleitet. Von überall her strömen sie zusammen. Mobiltelefone gezückt für ein Erinnerungs-Selfie, dabei laute Schreie der Verzückung. Auf der Piazza del Duomo, vor dem imposanten Dom, tränken wir mitten im Trubel die Lamas am Brunnen.

Jetzt müssen wir die Stelle finden, an der die Tiere abgeholt und in ihr Nachtquartier transportiert werden sollen. Tatsächlich sehen wir kurz darauf einen Pferdeanhänger, der Fahrer des Zugfahrzeugs gestikuliert wild und streitet sich mit anderen

Verkehrsteilnehmern. Sein Gespann hat er mitten im abendlichen Berufsverkehr direkt in einem Kreisverkehr abgestellt, die Türen des Anhängers sind sperrangelweit geöffnet. Das Ganze hält den Verkehr erheblich auf, in alle Richtungen haben sich schon Staus gebildet. Unser Fahrer, er heißt Lorenzo, wie wir kurz darauf erfahren, ist ein kleiner, untersetzter, etwas unkonventionell wirkender Mann mit viel Temperament. Er sieht uns kommen und winkt heftig gestikulierend, als ob er befürchtet, wir könnten ihn trotz seines großen Pferdeanhängers und des Verkehrschaos, das er ausgelöst hat, nicht erkennen. Das Chaos steigert sich noch, als nun einige andere Wagen mitten im Trubel stehen bleiben, um die Lamas zu fotografieren. Nichts wie weg hier! Walter führt die Lamas zügig in den Anhänger und setzt sich zu ihnen. Ich nehme vorne auf dem Beifahrersitz Platz, während Tom sich entscheidet, die 500 Höhenmeter zum Cimirlopass als Abendspaziergang zu bewältigen.

Lorenzo redet während der Fahrt unablässig auf mich ein, beantwortet sich die mir gestellten Fragen gleich selbst und bringt währenddessen das lange Gefährt dennoch sicher durch den abendlichen Berufsverkehr. Nach einer Viertelstunde erreichen wir seinen Hof in den Hügeln östlich von Trient. Von hier aus bietet sich ein traumhafter Ausblick auf die Stadt. Walter steigt käseweiß aus dem Hänger, die zahlreichen Kurven auf dem Weg hierher haben ihm zugesetzt.

Nach kürzerem Hin und Her ist die Dressurkoppel als geeignetster Platz für unsere Tiere gefunden. Lorenzo holt schon mal Heu, während Walter und ich die Lamas auf die Koppel führen. Die drei Hengste machen den Eindruck, mit der Auswahl ihres Nachtquartiers glücklich zu sein. Gegen 20 Uhr erscheint ein gepflegter Mittvierziger, der sich als Inhaber des B&B vorstellt, in dem wir heute übernachten werden. Er will erst einmal Tom suchen und uns dann alle drei auf den Pass fahren. In mir macht sich Erleichterung breit, die Mitfahrgelegenheit erspart uns 400 Höhenmeter. Fünf Minuten später ist unser Gastgeber wieder da. Er hat Tom, der sich nur widerwillig auf eine Fahrt im Pkw eingelassen hat, unterwegs aufgegabelt. Erst als klar ist, dass wir morgen früh wieder hierhergebracht werden, um dann den Weg auf den Pass mit den Lamas zu Fuß nachzuholen, war er zu überzeugen gewesen.

Die Aussicht von der Passhöhe ist noch schöner als die vom Pferdehof aus.

Bald nach dem Abendessen geht es ins Bett. In unserem Quartier steht auf der Wand über dem Bett, das ich mir mit Walter teile, der Satz: *Always kiss me good night*. Wir lachen herzlich und schlafen müde und gut gestimmt ein.

24. FEBRUAR // WOLKENVORHANG

Als hoffnungsloser Langschläfer habe ich mir morgendliche Disziplin angewöhnt. Wenn schon spät dran, muss jeder Handgriff routiniert sitzen. Während meine beiden Mitreisenden dazu tendieren, täglich ihre Rucksäcke neu zu packen und dabei mehrfach kontrollieren, ob sie auch nichts vergessen haben, versuche ich es mir einfacher zu machen und nur das Notwendigste auszuräumen.

Durch die Fenster des Frühstücksraums haben wir vom Passo del Cimirlo herab einen wunderbaren Panoramablick auf Trient, das Etschtal und die gegenüberliegenden, schneebedeckten Berge. Vor uns liegt mächtig das Brentamassiv.

Es ist über Nacht kalt geworden, und die Wettervorhersage für die nächsten Tage verkündet fallende Temperaturen, noch einmal richtiges Winterwetter.

Der Himmel lässt noch keine eindeutige Aussage darüber zu, wie das Wetter heute werden soll. Ein milchiger Vorhang von Wolken verdeckt das Blau.

Als wir kurz nach acht Uhr unser Frühstück beenden, fährt uns der Wirt, wie am Vortag versprochen, wieder zum Pferdehof hinab.

Unsere drei Lama-Jungs haben die Gelegenheit genutzt, um sich nachts in der Dressurkoppel kräftig zu wälzen. Entsprechend sehen sie aus, das allmorgendliche Bürsten ist heute eine Herausforderung. Und nicht nur das, die Tiere lassen sich nur schwer einfangen. Sie scheinen ihr Nachtquartier auch weiter genießen zu wollen, ich gehe davon aus, dass es sie an ihre Heimat erinnert: Höhenluft und Bergblick. Einmal Halfter und Satteltaschen angelegt, scheinen die Lamas aber einen inneren Hebel umzulegen und bereit zu sein, das nächste Abenteuer zu bestehen.

Gigi, unser Führer, ist bereits früh eingetroffen und hat geduldig auf uns gewartet. Walter will Lorenzo für das Nachtquartier der Lamas bezahlen. Aber unser Gastgeber ist ob dieses Ansinnens so beleidigt, dass er für ein paar Sekunden sprachlos ist. Dann meint er, dass er für einen Ballen Heu und den Platz auf der Pferdekoppel wohl nicht wirklich etwas verlangen könne. Voller Tatendrang schnappt er sich Buffon und führt uns schnellen Schrittes über einen steil ansteigenden Feldweg durch Weinreben und vereinzelte Apfelbäume den Hang hinauf. Wir kürzen so die in Serpentinen zum Pass führende Landstraße ab.

Meinen Begleitern scheint die Marschgeschwindigkeit nichts auszumachen, Gigi und Lorenzo reden beim Gehen angeregt miteinander, und auch mein Lama Tiento scheint mit dem Tempo überhaupt kein Problem zu haben. Es läuft so nah auf Buffon auf, dass dieser seinerseits das Tempo verschärft. Wir müssen aufpassen, dass die Tiere sich nicht gegenseitig weiter anstacheln und in Trab verfallen. Ich komme jedenfalls kaum mit und denke für mich: »500 Höhenmeter in dieser Geschwindigkeit, das ist nicht zu machen!«

In schattigen Ecken des Weges liegt noch Schnee, die über Nacht gefallene Temperatur hat den Boden vereist. Entsprechend rutschig ist der Untergrund.

Nach etwa einer Stunde erreichen wir endlich die Passhöhe. Ich stütze mich auf meinen Pilgerstab und versuche, wieder Luft zu bekommen, froh, dass ich es bis hierher geschafft habe. Das Tempo war, ich kann es nicht anders sagen, mörderisch.

»Das könnt ihr nicht mit mir machen!« Gerne würde ich den Satz laut aussprechen, aber es bleibt bei einem inneren Monolog, will ich mir doch vor den anderen keine Blöße geben. Das schwierigste Teilstück der heutigen Etappe ist bereits vormittags geschafft, was soll das ganze innerliche Gezeter? Und ja, schön ist es hier. Die Sicht wird jedenfalls immer besser, der morgendliche Wolkenschleier ist blauem Himmel gewichen.

Lorenzo läutet an einem Haus und erklärt uns, hier wohne die beste Köchin der gesamten Gegend. Begleitet von aufgeregtem Gebell ihres Spitzmischlings tritt eine etwa 70-jährige Dame im Schlafrock und mit Gehstock vor die Tür. Lorenzo begrüßt sie mit den Worten »Sieh mal her, was ich dir mitgebracht habe«, und zeigt auf Buffon. Die Dame lacht fröhlich und gibt zurück, dass dieses wundervolle Tier ihm sehr gut zu Gesicht stehe. Ihr Angebot, uns eine Kleinigkeit zum Essen vorzubereiten, steht, scheitert dann aber letztlich leider an dem nicht enden wollendem Gebell ihres Hundes, der überhaupt keine Sympathien für die Lamas entwickeln kann. Und Gigi grätscht seinerseits dazwischen und verweist auf eine Einladung im nahen Roncogno. So ziehen wir weiter über die Via Claudia Augusta, den römischen Weg, der seit den Zeiten von Kaiser Claudius die Städte Augsburg und Venedig verbindet. Nach dem Überqueren des Passo Del Cimirlo geht es abwärts ins

Tal. Das Gipfelfoto zeigt mich, wie ich später feststelle, angestrengt lächelnd, die Zähne zusammengebissen.

Über jahrhundertealtes Pflaster wandern wir durch lichte Eichen- und Mischwälder. Uns bietet sich ein atemberaubender Blick in das sonnendurchflutete Suganertal und die es begrenzenden Berge. Östlich kann man den Eingang zum Fersental sehen, dem Valle dei Mocheni. Es wurde bereits im späten Mittelalter von deutschsprachigen Siedlern bewohnt, nachdem dort Kupfer- und Silbervorkommen entdeckt worden waren. Als Minen erschöpft waren und die Landwirtschaft im kargen Tal zur Ernährung der Bevölkerung nicht ausreichte, haben sich die Fersentaler bereits im 17. Jahrhundert auf den Handel, vor allen Dingen mit selbst produzierten Schuhen verlegt, den sie weit über die Grenzen der Habsburgermonarchie hinaus betrieben haben.

Wir steigen weiter ab und erreichen Roncogno. Am Dorfplatz machen wir unsere Lamas vor dem Vereinsheim der Alpini fest, die uns zum Mittagessen erwarten. Es geht herzlich zu, der Tisch biegt sich förmlich unter der Last der aufgetragenen Speisen und Getränke, Wein, Bier, Limonade, Wasser, Salami, Speck, Mortadella, Schinken, Käse jeder erdenklichen Sorte. Dankbar greifen wir zu. Wieder im Freien bietet sich das gewohnte Bild: eine Traube von Menschen fotografiert und streichelt unsere drei Lama-Hengste, die sich in bewundernswerter Gelassenheit auf den Boden gelegt haben und gemütlich ihr Heu vertilgen. Die Sonne hat sich jetzt in voller Kraft durchgesetzt, der Himmel ist stahlblau, die Luft kalt, auf den Bergrücken ringsum liegt Schnee, Postkartenidylle.

Wir verlassen Roncogno mit dem Ziel Pergine Valsugana. Als wir dort ankommen, fühlen wir uns in eine Szenerie versetzt, die aus einem italienischen Schwarz-Weiß-Film der 50er-Jahre stammen könnte: Am Hauptplatz herrscht Wahlkampf, am 4. März sollen in Italien Parlamentswahlen stattfinden. Auf einem kleinen Podest steht ein eifrig sprechender und wild gestikulierender Lokalpolitiker des *Partito Autonomista Trentino Tirolese (»Partei der Trentiner und Tiroler Autonomie«) und* versucht, ein kleines Grüppchen von Zuhörern zu begeistern. Als wir uns mit den Lamas nähern, nimmt die Aufmerksamkeit seiner Zuhörer schlagartig ab. Alle drehen sich rasch zu unserer seltsamen Karawane um, und die verzweifelten Versuche des Redners, sein Publikum nicht zu verlieren, sind zum Scheitern verurteilt. Als die meisten Anwesenden ihre Mobiltelefone zücken und damit beginnen, uns zu fotografieren, hat der Mann ein Einsehen. Wenn er schon nicht mit uns konkurrieren kann, will er zumindest an der Aufmerksamkeit teilhaben. Er gesellt sich zu uns, erklärt uns seine politischen Einstellungen und lässt erst von uns ab, als er bemerkt, dass von unserer Seite kein Interesse an einer vertieften politischen Diskussion besteht. Bald darauf ziehen wir weiter.

Nach der Besichtigung des Schlosses von Pergine, das auf unserem Weg liegt, folgt uns ein Fahrzeug und bleibt dann neben uns stehen. Ein junges Paar steigt aus und bittet uns um ein Foto mit den Lamas im Schlosshof. Die beiden haben die Gastronomie im Schloss für die kommende Saison gepachtet und möchten nun die neu gestaltete Internetseite um Fotos mit Lamas bereichern. Aber wir haben heute noch eine Wegstrecke von etwa 15 Kilometer vor uns, so dass Bilder mit Schlosshintergrund reichen müssen.

Vor uns liegt nun der Caldonazzo See, über dem der 1757 Meter hohe Doss dei Corvi mit schneebedecktem Gipfel thront. Wir laufen auf einer Straße am Hang oberhalb des Sees entlang und steigen dann durch einen kahlen Laubwald weiter ab. Jetzt befinden wir uns am nordöstlichen Teil des Levicosees. Über die Uferpromenade sind es von hier aus keine zwei Kilometer mehr bis nach Levico Terme, unserem heutigen Ziel. Die Strandpromenade bevölkert sich zusehends. Besonderes Interesse an unseren Tieren scheint ein junger Mann zu haben, der immer wieder auf Buffon zugeht, sich dann aber unvermittelt abwendet. Nur langsam verstehen wir, dass der Junge geistig behindert ist. Erst als seine Eltern hinzukommen, fasst er Mut und traut sich, Buffon und Shaqiri zu streicheln.

Bald danach erreichen wir das Strandbad, der Trubel ist groß, jede Menge Menschen wollen die Tiere sehen. Zwischen den Schaulustigen taucht wieder der junge Mann von vorhin auf. Verlegen erklärt seine Mutter, sie hätten umdrehen und uns folgen müssen, ihr Sohn sei derart begeistert von unseren Tieren, dass er sie unbedingt noch einmal sehen will. Seit langer Zeit habe er nicht mehr so viel Interesse für seine Umgebung gezeigt wie heute. Während er Buffon sanft streichelt und krault und Walter für die Eltern ein Erinnerungsfoto schießt, erklärt uns die Frau, dass ihr Sohn im Alter von sechs Monaten die üblichen Impfungen erhalten habe und diese bei ihm zu einem Impfschaden geführt hätten. Traurig berichtet sie von den Bemühungen der behandelnden Mediziner, die letztlich zu keiner Besserung des Zustands geführt haben, von einem regelrechten Spießrutenlauf bei den Behörden und von einer Entschädigungsleistung, die diese Bezeichnung nicht verdiene. Ein Fall unter 180 000 Impfungen. All das erzählt uns die Frau dennoch ohne Groll und Hadern über das erlittene Schicksal. Wir sind tief berührt und bewundern die Eltern, die mit ihrem Sohn in grenzenloser Liebe und unaufgeregter Fürsorglichkeit umgehen. Lange wird mir dieser Gesichtsausdruck der Mutter beim Betrachten ihres Sohnes, der die Lamas streichelt, nicht mehr aus dem Kopf gehen.

Eine größere Schar von Menschen folgt uns auf dem Weg zum Stadtkern. Am Platz vor der Kirche steht ein Mann auf einem Podest. Gigi geht entschlossen auf ihn zu und begrüßt ihn herzlich. Es ist der Bürgermeister, neben ihm haben sich Vertreter des Fremdenverkehrsamts versammelt. Erst als Gigi die blau-grüne Fahne des Vereins Via Romea Germanica entrollt und ein Fotograf Bilder schießt, realisiere ich, dass die Gruppe auf uns wartet. Es folgt ein Gruppenbild mit Lamas und Politprominenz, im Hintergrund Schaulustige; dann Small Talk. Nach einigen Minuten ist der Spuk auch schon wieder vorbei, der Platz hat sich geleert, der Blick auf die wunderschönen Bauwerke der Stadt ist frei, Bäderarchitektur im Jugendstil allenthalben.

Das Nachtlager für die Lamas in einem nahen Pferdehof ist gesichert, das Hotel, in dem wir übernachten werden, befindet sich in unmittelbarer Nachbarschaft. Für alles ist gesorgt. Und es ist Zeit für einen Moment innerer Einkehr. Die Lamas haben sich auf dem Marktplatz hingelegt. Walter, Tom und mich zieht es in die Kirche. Die Ruhe im Inneren befreit uns einige Minuten vom Trubel der Außenwelt. Spontan danke ich Gott für die Gesundheit meiner Tochter, schäme mich dann aber vor dem Hintergrund der Begegnung mit dem behinderten Jungen unermesslich für die mit diesem Gedanken verbundene Assoziation.

Nach kurzem Weg gelangen wir zum Pferdehof am Stadtrand. Die Temperatur ist im Vergleich zum gestrigen Abend noch einmal gefallen. Die Kälte zieht mir während der Versorgung der Lamas in Mark und Knochen. Tiento scheint sie nichts anzuhaben, ein Griff in sein Fell wärmt mir die Hände.

Das Hotel, in dem wir übernachten, liegt wirklich nur ein paar Meter entfernt. »Heute großer Tanzabend!« steht auf einem Schild in der Lobby. Die Hotelbar ist bereits dicht bevölkert, obwohl der Tanz erst um 21 Uhr losgehen soll. Wir laufen in unseren Trekkingklamotten und mit ersten Ansätzen eines Vollbartes durch die Gruppe der penibel herausgeputzten anderen Gäste. Keiner scheint sich an unserem Anblick zu stören. Auch später nicht, als wir zwar geduscht, aber weiterhin unrasiert und in unserer Kluft am Tisch beim Abendessen sitzen. Es gibt typische Trentiner Spezialitäten: Lucanica mit Polenta, Carne salada mit Bohnen und Zwiebeln, Strangolapreti, Polenta mit Pilzen. Wir essen alles durcheinander, nachdem wir uns nicht wirklich auf ein Gericht festlegen wollen. Dazu wird uns ein herrlicher Teroldego serviert.

Der Tanzabend nimmt nun langsam Fahrt auf. Ein Mann, um die 70 Jahre alt, erregt dabei Toms Aufmerksamkeit. Er trägt Bart und Frisur im Stil Kaiser Franz Josephs I. und scheint dem Lauf der Zeit getrotzt zu haben. Wie der letzte Vertreter einer längst vergangenen Epoche steht er da, voller Würde und Überzeugung; ein lebendiger Anachronismus, einem Don Quichotte vergleichbar. Tom verfolgt ihn mit seinem Mobiltelefon und schießt Bilder aus jeder erdenklichen Perspektive. Ich frage mich, wie lange das gut gehen kann. Den letzten Vertreter Österreich-Ungarns scheint Toms Verhalten jedoch nicht anzufechten.

Walter scheint sich heute unterwegs noch nicht ausreichend Bewegung verschafft zu haben. Mehrfach fordert er Damen verschiedenen Alters zu einem Tanz auf. Und trotz der ungeeigneten Trailrunnig-Schuhe bewegt er sich mühelos auf dem Parkett.

Noch vor dem letzten Tanz fällt für uns der Vorhang, wir kapitulieren vor der Müdigkeit und sinken ins Bett. Was für ein Tag!

25. FEBRUAR // SIBIRISCHE KÄLTE

Die Wolken hängen tief, der Himmel ist grau, als wir die Lamas aus den Pferdeboxen holen und satteln. Unmittelbar vor dem Abmarsch beginnt es zu schneien. Das Thermometer ist über Nacht weit unter die Nullgradgrenze gesunken, und Schnee fällt in dichten Flocken. Ich habe mir einen weiteren Fleecepullover angezogen, trage eine Wintermütze unter der Kapuze meiner Jacke und darüber noch die Regenjacke. Heute verspricht es richtig ungemütlich zu werden. Der dichte Schneefall lässt nicht nach, knapp einen Kilometer später sind die Körper der Lamas und wir drei Wanderer mit Schnee bedeckt. Buffon steht sein Käppchen aus weißem Schnee auf dem schwarzen Kopf ganz ausgezeichnet.

Das Laufen ist beschwerlich: mit zugekniffenen Augen marschieren wir durch den seitlich einfallenden Schnee. Man sieht nur einige Meter weit. Erst nach etwa zwei Stunden, bei dem Kirchlein S. Silvestro, klingt der Schneefall etwas ab. Erst jetzt ist überhaupt an ein Anhalten, eine kurze Rast, zu denken. Tom trinkt heißen Tee aus seiner Thermoskanne, ich rauche, Walter träumt von einem doppelten Espresso. Die kunsthistorischen Erklärungen Gigis zum Kirchlein und seine Bedeutung für die Gegend gehen an mir vorbei. Ich habe mit klammen Fingern und der gesamten Situation zu kämpfen. Meine innere Stimme meldet sich mit einem fiesen Gedanken: Wie wäre es, jetzt einfach ein Taxi zum nächsten Bahnhof zu nehmen und sich dort vor der Heimreise in ein warmes Café zu setzen? »In wenigen Stunden kannst du zu Hause bei deinen Lieben sein. Warum machst du es dir so schwer?« Mein zweiter Vorname lautet Georg. Das ist der, der gegen den Drachen kämpft – und gewinnt. Aber wer ist hier der Drache? Kämpfe ich nicht letztlich schon eine ganze Weile mit mir selbst?

Der Nebel hängt tief im Tal, keiner außer uns ist bei diesem Wetter unterwegs. Als wir das nächste Dorf, Marter, erreichen, hört es endlich auf zu schneien. Irgendwie hat sich heute eine gewisse Lethargie bei uns eingeschlichen, wir werden ähnliche Situationen später auf dem Weg als »Pilgerblues« bezeichnen. Das ungemütliche Wetter, die eintönige, in Nebel getauchte Landschaft und die Aussicht, heute Abend nur in einem Sportvereinsheim zu übernachten, machen mir zu schaffen. Erst als wir Roncegno erreichen und dort zu Mittag essen, stellt sich in mir allmählich ein versöhnliches Gefühl ein. Tom schwelgt in indischer Küche, Walter und ich bleiben vorsichtshalber auf der italienischen Seite der Menükarte. Die Lamas haben wir draußen an jungen Weiden am Parkplatz festgemacht. Erst später bemerken wir, dass die drei Tiere mit Genuss alle frischen Triebe an den Bäumchen abgefressen haben. Auch sie lassen es sich gut gehen.

Zwei Carabinieri betreten das Lokal und bauen sich vor uns auf: »Gehören die Tiere da draußen ihnen?« Wir bejahen verdutzt und sind auf alles vorbereitet. Sicherlich ist es nicht erlaubt, Lamas auf dem Parkplatz abzustellen. Aber die beiden Polizisten wollen nur wissen, ob wir die Pilger sind, von denen inzwischen landauf, landab gesprochen wird, in den Zeitungen und im Fernsehen wurde darüber berichtet. Tom fragt zurück, ob wir in Rom ein gutes Wort für sie einlegen sollen – wenn sie uns eine Flasche Wein spendieren. Großes Gelächter. Dann bestellt einer der beiden tatsächlich eine Flasche Wein für uns – aber sie trinken nicht mit – Dienst ist Dienst.

Am südlichen Stadtrand von Borgo Valsugana befindet sich unser Nachtquartier, ein Vereinsheim, das am Ende viel schöner ist als erwartet. Aber der Tag ist noch nicht zu Ende. Das dicke Ende kommt noch: Die Lamas sollen die Nacht in einem vier Kilometer entfernten Pferdehof auf einem Hügel oberhalb des Sportgeländes verbringen. Hin und zurück ist es jeweils gut eine Stunde zu laufen. Ringsum schneebedeckte Hügel und im Hintergrund majestätische Berge. Als wir endlich wieder am Vereinsheim sind, bekommt Tom Schüttelfrost.

26. FEBRUAR // VERRÜCKT

Tom sieht heute früh nicht gut aus, er hat sich tatsächlich eine handfeste Erkältung zugezogen, aber er denkt nicht mal im Traum an einen Tag Pause. Er wünscht sich nur ein Einzelzimmer für die nächste Nacht. Das Schnarchen von Walter und mir habe ihn vom Schlaf abgehalten. Und die Ohrenstöpsel, die er für solche Fälle eingesteckt hat, konnte er nachts nicht finden.

Auch ich habe richtig schlecht geschlafen, in der Nacht zeitweilig Schüttelfrost gehabt und unter meinen schmerzenden Hüftgelenken gelitten. Als ich aufstehe, habe ich ziemliche Probleme, meinen Bewegungsapparat in Schwung zu bringen. Stöhnend setze ich mich auf, um meine Füße einzucremen. Die Salbe hilft tatsächlich, die Haut ist fest und ledrig und bisher frei von aufgeriebenen Stellen oder gar Blasen.

Im Frühstücksraum sitzt eine junge Frau, die etwas verloren wirkt. Walter bietet ihr auf Italienisch an, sich mit an unseren Tisch zu setzen. Sie antwortet in Deutsch und gibt sich als Schweizerin mit Namen Christina zu erkennen. Mit einem Trekkingrad ist sie in der Nähe von Zürich gestartet und will über den Balkan, die Türkei, den Irak und den Iran nach Peking radeln. Was für eine Selbstdisziplin muss man für so eine Unternehmung haben!

Die Lamas haben die Nacht im Pferdehof in einem Gehege ohne Dach auf dem rings um sie zugefrorenen Boden verbracht, das Fell ist mit einer dichten Reif- bzw. Eisschicht belegt. Würde man sie nicht kauen sehen, könnte man denken, sie seien festgefroren und wir müssten sie erst mit warmem Wasser auftauen, um sie vom Boden loszulösen. Aber die Tiere stehen sofort auf, als sie uns sehen, und ein Griff ins Fell verrät wohlige Wärme.

Das Thermometer zeigt minus 14 Grad Celsius, der blaue Himmel ist wolkenlos. Der Blick auf die Burg Borgo, dahinter die verschneiten sonnenbeschienen Berge, ist spektakulär, man hat das Gefühl, ein Gemälde zu betrachten.

Zurück im Vereinsheim steht unsere Superheldin aus der Schweiz schon neben ihrem Fahrrad und bepackt die Satteltaschen. Als sie vom Hof radelt, sich noch einmal umdreht und winkt, denke ich »Gott behüte dich!«

Auch wir haben heute noch einiges vor. Im Wanderführer ist vermerkt: 814 Kilometer bis nach Rom, heutige Strecke 32 Kilometer, 97 % davon auf asphaltiertem Boden. Zumindest geht es beständig leicht abwärts, daher die Einordnung als Etappe mit leichtem Schwierigkeitsgrad.

Die Felder und Wiesen entlang des Weges sind noch gefroren, wir verlassen dennoch den Asphalt des Fahrradwegs und gehen etwas abseits, um die Ballen der Tiere und unsere Füße etwas zu schonen. Walter sieht mit seiner dunklen Sonnenbrille unter der Kapuze der Windjacke aus wie eine Mischung aus Gletscheralpinist und Astronaut, Tom kann immerhin schon wieder scherzen, seine Erkältung merkt man ihm nur aufgrund des ständigen Schnäuzens an. Gigi, der uns am Dorfausgang eingeholt hat, ist guter Laune und plaudert angeregt. Die Lamas laufen gemütlich, aber konstant. Die ersten zehn Kilometer bringen wir in knapp zweieinhalb Stunden hinter uns. Aber ich bin richtig angeschlagen, genervt von den tagelangen Märschen, Gelenkschmerzen, Kälte und Feuchtigkeit. Hinzu kommen ständige Anrufe aus der Arbeitswelt. Kann man das nicht mal abstellen? Hatte ich mir nicht innere Einkehr in Einsamkeit, ein meditatives Gehen vorgestellt?

Ich habe gerade das Gefühl, mir neben drängenden Aufgaben in der Kanzlei mit der Pilgerreise nur weitere Zwänge aufgehalst zu haben, sozusagen Arbeitsalltag unter erschwerten äußerlichen Bedingungen. Das ist natürlich Blödsinn, und die Lösung naheliegend. Ich beschließe, für den Rest des Tages nicht mehr ans Telefon zu gehen und gegebenenfalls abends zurückzurufen.

Ganz erstaunlich: Das Telefon ist nach meinem Entschluss, keine Gespräche mehr anzunehmen, mit einem Schlag verstummt. Solche Zusammenhänge würde ich gerne mal verstehen. Aber in mir tobt die Unruhe dennoch weiter. Loslassen ist einfach schwer, wenn man wie ich sonst permanent am »Machen« ist. Aber langsam glaube ich, dass es tatsächlich möglich ist, das innere Gewicht der Verantwortung und das ganze Verfangensein in den beruflichen Alltag ablegen zu können. So als wäre es ein Tausch gegen das Gewicht des Pilgerrucksacks.

Zur Mittagszeit setzen wir uns auf Steine am Ufer der Brenta. Walter zieht zu unserer Überraschung Kaminwurzen, Speck und Schüttelbrot aus einer der Satteltaschen. Werner, der Dorfmetzger, hat uns dies alles mitgegeben. Während der aufregenden ersten Tage haben wir es vergessen, Walter hat es jetzt wiederentdeckt. Zu Geräuchertem und Schüttelbrot trinken wir heißes Wasser aus Toms Thermoskanne, das wir mit Limonade verfeinern. Ein fürstliches Mittagessen bei dieser Kälte. Glück kann so einfach sein.

Gigi drängt zum Aufbruch, wir haben immer noch fast 22 Kilometer vor uns. Das entspricht gut und gerne sechs Stunden Fußmarsch. Je weiter wir uns im Tal in südlicher Richtung bewegen, desto enger wird es. Kurz nachdem wir die Ortschaft Tezze passiert haben, zwingen die umstehenden Berge das Tal so weit zusammen, dass die Bahnlinie, die vierspurige Schnellstraße und die Brenta auf engstem Raum zusammengeführt sind.

In Martincelli unterqueren wir die Straße und stehen dann vor einem verwitterten Stein. Nur drei Wörter, die darauf eingemeißelt sind, können wir entziffern: »Impero d'Austria«. Hier verlief die Grenze zwischen der Donaumonarchie und dem Königreich Italien.

Das Tal wird jetzt noch enger. Und es ist in jeder Hinsicht ungemütlich geworden. Zur Kälte, der Müdigkeit und dem Asphaltuntergrund sind nunmehr auch der Verkehrslärm und Gestank der vierspurigen Schnellstraße hinzugekommen. Tiento hat sich aus vollem Lauf im Bruchteil einer Sekunde einfach flach auf den Boden gelegt und ist nicht zu bewegen, wieder aufzustehen und weiterzugehen. Streik!

Das Lama schaut mürrisch vor sich hin. Walter meint, dass es unausweichlich sei, eine Viertelstunde Pause einzulegen. Ich habe nichts einzuwenden, auch ich bin ziemlich fertig.

Müde setzt sich unsere Karawane schließlich wieder in Bewegung. Der Fluss Brenta presst durch seinen Lauf den Weg derart an die westliche Felswand, dass an dieser Stelle ein Steig gebaut werden musste. Die Felswand wurde ausgehöhlt und durch eine Dachverbauung gegen Steinschlag von oben geschützt. Streckenweise ist der Pfad so schmal, dass ich fürchte,

dass kein Durchkommen mehr möglich ist, wenn sich alles noch weiter verengt. Vorsichtig schlängeln wir uns mit den Lamas und ihren breiten Satteltaschen zwischen Fels und Abgrund entlang. Nach einer Viertelstunde ist der Spuk zum Glück zu Ende. Das Tal öffnet sich, und der Weg wird etwas breiter. Zwischenzeitlich hat es aber wieder angefangen zu schneien. Der Distanzmesser auf Toms Uhr zeigt 30 hinter uns gebrachte Kilometer an. Cismon, unser Etappenziel, muss eigentlich schon in greifbarer Nähe sein. Doch ich frage mich, wo in dieser engen Schlucht noch Platz für eine Ortschaft sein soll. Nach einer mir endlos erscheinenden halben Stunde erreichen wir eine windige Hängebrücke. Ich gebe zu bedenken, dass es wohl besser sei, die wackelige Konstruktion einzeln zu überqueren, um deren Tragkraft nicht unnötig auf die Probe zu stellen. Aber die Lamas wollen in der Gruppe eng hintereinander marschieren. Wenn wir sie einzeln über die Brücke führen, besteht die Gefahr, dass das nachfolgende Tier den Leithengst einholen will und mit einem Satz losgaloppiert – ohne Rücksicht, wer da vor ihm auf der Brücke herläuft.

Walter meint, dass wir diese Situation nicht heraufbeschwören sollten. Also führen wir die Tiere im Gänsemarsch zusammen auf die Brücke. Bodenlatten knacken verdächtig, Stahlseile quietschen, und die gesamte Konstruktion schwankt beängstigend. Die Lamas werden unruhig, und auch mir ist ziemlich mulmig bei dem Gedanken, ob uns die Brücke wirklich trägt. Aber wir lassen uns nichts anmerken und führen die Tiere langsamen Schrittes und ohne Zwischenfälle über die immer stärker schwankende Brücke.

Unsere Unterkunft liegt am Dorfeingang, Bed & Breakfast mit Familienanschluss. Für die Lamas ist auch gut gesorgt, der Garten der Gastgeber ist weitläufig, Heu und Wasser stehen in einem Gehege bereit. Ihre zwei Kinder, Zwillinge im Alter von etwa zehn Jahren, wuseln freudig erregt um die Tiere und uns herum. Tiento legt sich dennoch sofort hin, versenkt seinen Kopf in einem Heuballen und frisst liegend. Für heute scheint mein Lama wirklich genug zu haben.

Wir werden hineingebeten, der Hausherr schneidet Salami auf und drückt jedem von uns als Erstes eine Dose Bier in die Hand. Unsere Ankunft ist erwartet worden und Anlass für eine Zusammenkunft von Familienmitgliedern und Freunden. Sogar der Bürgermeister des Ortes ist mit seiner Familie erschienen. Die Gastgeberin kocht auf dem Holzherd ein Risotto mit Kürbis, und ihr Mann drückt mir einen mächtigen Grappa in die Hand. Es gibt doch noch Zuversicht auf dieser Welt.

Die Zwillinge wollen natürlich alles über die Lamas wissen, erzählen aber auch über sich, ihre Schule, ihre Freunde, ihre Lieblingsbücher und vieles mehr. Es ist schön, miteinander angeregt ins Gespräch zu kommen!

Die anderen Gäste gehen vor dem Abendessen. Wir essen zusammen mit der Familie und verabschieden uns dann todmüde aufs Zimmer. Tom bekommt wieder kein Zimmer für sich allein, hat aber zwischenzeitlich seine Ohrstöpsel gefunden.

Aus unserem Appartement, das direkt unter dem Dach liegt, können wir in alle vier Windrichtungen sehen. Östlich und westlich des Tales ragen schwarz hohe Berge in den Himmel, ein irgendwie beklemmender Eindruck. Mir ist immer noch kalt, aber die Entscheidung, ob ich zusätzlich zu den bereitgestellten Decken meinen Schlafsack benutzen sollte, geht im Schlaf unter.

27. FEBRUAR // EINE FOLGENREICHE BEGEGNUNG

Die Zwillinge dürfen heute etwas später zur Schule gehen. Offenbar sind sie mit ihrem hartnäckig vorgetragenen Ansinnen, unseren Aufbruch mit den Lamas verfolgen zu dürfen, bei den Eltern durchgedrungen. Wissbegierig sehen sie zu, wie wir uns abmarschbereit machen. Mit dem gleichen Nachdruck, mit dem sie ihre Eltern überzeugt haben, haben sie sich von uns ausbedungen, die Lamas bürsten zu dürfen, beim Anlegen der Satteltaschen zu helfen und Buffon und Shaqiri bis zur Schule zu führen. Als wir gemeinsam auf die Straße treten, warten schon Kinder aus der Nachbarschaft, die dem Beispiel der Zwillinge gefolgt sind und ein wenig Schule schwänzen. Sofort wird mir Tiento von einer frechen, schwarzhaarigen Göre, einer Freundin der Zwillinge, entrissen. Die Kinder sind alle in dicke Kleidung gepackt, auch heute ist es empfindlich kalt, und ein schneidender Wind weht um die Hausecken. Vor der Schule müssen sich die Kinder endgültig von unseren tierischen Begleitern trennen. Der Abschied unter letzten Kuschel- und Streicheleinheiten fällt ihnen sichtlich schwer.

Wir sehen uns nach einer Bar um, denn wir haben noch nicht gefrühstückt. Walter braucht dringend einen Kaffee, Thomas eine Gelegenheit zum Auffüllen seiner Thermoskanne und ich einen Cappuccino als Grundlage für die erste Zigarette.

Die Besitzerin hinter dem Tresen wird auf etwas an meinem Rucksack aufmerksam. Sie meint, den am Rucksack hängenden Kompass könne sie ja noch verstehen, was ich aber mit dem übergroßen rostigen Schlüssel wolle, erschließe sich ihr nicht. Ich erwidere, das sei das Symbol der Rompilger, der Schlüssel solle den Zugang zum Paradies versinnbildlichen, der dem reuigen Pilger offen stehe. Sie lacht laut auf und entgegnet allgemein vernehmlich: »An solchen Humbug glaube ich nicht, das Paradies ist hier unten zu finden!« Mir fällt nur ein: »Was, hier in der engsten Schlucht des Brenta?« Die Umstehenden lachen schallend, und auch die Wirtin fängt an zu schmunzeln. Wenn ich meine, dass es hilfreich sei, möge ich auch für sie eine Kerze im Petersdom entzünden, das Frühstück gehe jedenfalls aufs Haus.

Als wir aufbrechen, sehen wir im Gebäude gegenüber hinter zwei größeren Fenstern im Hochparterre eine Schar Kleinkinder, die wild fuchteln und herüberwinken. Es ist der Kindergarten. Nachdem die örtliche Zeitung über uns berichtet hat, kennt uns jetzt scheinbar jeder. Tom führt Buffon über die Straße und promeniert vor dem Fenster langsam auf und ab. Wir folgen seinem Beispiel. Die Kinder laufen im Raum hin und her und grüßen mal den einen, mal den anderen unserer Hengste. Eine Ordensschwester öffnet das Fenster, dankt uns und wünscht uns Gottes Segen auf unserem Weg nach Rom. Durch das Geschrei der Kinder kann man sie fast nicht verstehen.

Es ist der achte Tag unserer Tour. Die Tagesetappe, die uns nach Bassano del Grappa führt, ist 23,2 Kilometer lang, es geht nur flussabwärts, drei Viertel der Strecke wieder auf asphaltiertem Untergrund, noch 780 Kilometer sind es bis nach Rom.

Mir geht es gerade hervorragend, keine Blasen, kein Muskelkater, keine Gelenkprobleme, keine Erkältung, keine allgemeine Unlust, nur der Drang, endlich aus dem engen Tal herauszukommen. Die letzten Tage hatte ich das Gefühl, dass wir bei unserem Tempo nie in Rom ankommen werden. Die Aussicht, die Alpen zu verlassen und langsam in die Po-Ebene vorzudringen, stimmt mich nun optimistisch.

Die Verheißung wird auch schnell Wirklichkeit, schon nach fünf Kilometern weitet sich das Tal. Der Himmel ist aufgeklart. Tom geht es besser, Walter wirkt ohnehin meistens unerschütterlich standhaft. Von unserem Freund Gigi, dem eingefleischten Trentiner, der uns mit seiner freundlichen und klugen Art ans Herz gewachsen ist, haben wir uns gestern verabschieden müssen. Aber uns tut es jetzt auch gut, wieder einmal unter uns zu sein.

Bald erreichen wir Valstagna, einen hübschen Ort am Ufer der Brenta, die inzwischen von einem Bächlein zu einem verita-

blen Fluss angeschwollen ist. Vor dem Alpini-Denkmal beschließen wir, die Lamas festzumachen. Auf der Rasenfläche gibt es ausreichend junges Grün für ein Mittagessen der Tiere. Wir überqueren die Straße und betreten eine Bar, die von einer jungen Dame aus dem Ort und ihrem Mann, einem Marokkaner, geführt wird. Heute gibt es zum Essen Falafel und Döner, wir genießen beides, es schmeckt wunderbar. Unseren Kaffee haben wir noch nicht getrunken, als vor den drei Lamas eine Funkstreife der Carabinieri stoppt. Zwei Polizisten entsteigen dem Wagen, den sie mitten auf der Straße abstellen: Lederstiefel, Reiterhose, Sonnenbrille unter der Mütze; die beiden sehen martialisch aus und scheinen irgendwie amtlich werden zu wollen. Wir trinken schnell unseren Kaffee aus und zahlen. Walter begrüßt die beiden mit einem lockeren Spruch: »Wir haben die Tiere nur kurz ins absolute Halteverbot gestellt, uns einen Kaffee gegönnt. Es wird nicht mehr vorkommen«.

Von wegen amtlich … Mit einem breiten Grinsen machen die Ordnungshüter Erinnerungsfotos mit den Lamas und uns. Und auch sonst bleiben wir nicht unbemerkt. Am Ende des Dorfes steht eine Frau, etwa Mitte 50, vor ihrem Haus. Sie hat augenscheinlich auf uns gewartet, war aber dann offensichtlich nicht entschlossen genug, uns anzusprechen, als wir sie grüßen. Erst als wir am Haus vorbei sind, fasst sie sich ein Herz und läuft uns nach. Mit Tränen in den Augen erklärt sie uns, bereits seit dem Vormittag auf uns zu warten, seitdem sie aus der Zeitung von unserem Vorhaben erfahren hat. Ob wir tatsächlich den Papst treffen wollen? Ihr Mann sei schwer erkrankt, die Ärzte hätten ihn aufgegeben. Sie wisse, dass sich ihre Bitte nicht gehöre, aber wenn wir tatsächlich gläubige Pilger seien, mögen wir ihre Hoffnungen und Gebete unbedingt mit nach Rom nehmen. Tief gerührt verspreche ich ihr, den Wunsch zu erfüllen und das Schicksal ihres Mannes auf die Reise zum Papst mitzunehmen. Sie küsst mich, und ihre bitteren Tränen kleben an meiner Wange.

Schweigsam gehe ich nach dieser Begegnung hinter den anderen her. Als Tom mich im vergangenen Herbst fragte, ob ich Walter und ihn auf der Pilgerreise begleiten will, war meine Krebserkrankung das maßgebende Motiv für meinen Entschluss zur Teilnahme.

Vor sieben Tagen bin ich in Oberbozen einfach losgelaufen, vor der gesamten Situation regelrecht geflohen, ohne meine Begleiter über meinen wirklichen Gesundheitszustand zu informieren. Nur Tom gegenüber habe ich Andeutungen gemacht. Wieder und wieder habe ich versucht, meine Krankheit zu verdrängen, vorgelagerte Schwierigkeiten mit meiner Fitness waren vordringlich zu überwinden. Die Begegnung mit der unbekannten Frau hat mich nun mit doppelter Wucht getroffen. Ich war einfach nicht darauf vorbereitet, mit dem

Gewicht ihrer Probleme konfrontiert zu werden, ohne mich zuvor mit meiner eigenen Krise wirklich auseinandergesetzt zu haben. Irgendwie bin ich mit dieser Frau ab jetzt schicksalhaft verbunden. Und immer wenn ich mit meiner Situation hadere, spüre ich ihre Tränen, aber auch ihre Hoffnung und ihren Glauben. Schlagartig und vollkommen unvermittelt ist aus unserer Trekkingtour für mich eine Pilgerreise geworden.

28. FEBRUAR // WEGSCHEIDE

Die Nacht haben wir in Bassano verbracht. Thomas ist am Abend wie geplant von hier aus mit dem Zug nach Bozen gefahren, um mit seiner Mutter deren 80. Geburtstag zu feiern. Walter und ich erwarten ihn morgen zurück.

Als wir gegen acht Uhr ins große Wohnzimmer der Villa unseres Gastgebers kommen, gibt es vom Hausherrn keine Spur. Geduldig warten wir eine Viertelstunde, nichts regt sich. Walter versucht, den Mann mobil zu erreichen, sein verlassenes Handy klingelt in der Küche.

Also bürsten und satteln wir die Lamas, misten die Wiese aus und entsorgen das übrig gebliebene Heu. Wir sind an sich startklar, als die Leiterin der örtlichen Touristikbehörde mit ihrem Mann erscheint und uns zum Hauptplatz Bassanos führen will, wo man uns erwartet. Als wir uns gerade anschicken, das Tor zu öffnen, kommt uns der Hausherr mit einer riesigen Einkaufstüte entgegen. Er habe Frühstück besorgen müssen. Ob wir Kaffee oder Tee vorziehen?

Im Zentrum von Bassano läuft später alles wie gewohnt: *Lamamania* in Reinform. Streicheleinheiten, Selfies, die Frage, ob die Tiere denn spucken würden, wenn man ihnen zu nahe kommt. Während alles auf dem Platz zusammenläuft, muss der Bürgermeister erst geholt werden. Schließlich kommt er, einen Fotografen im Tross. Das Stadtoberhaupt bekommt Buffon an der Leine, daneben steht die Leiterin der Touristikbehörde mit Shaqiri. Natürlich gesellen sich auch Walter und ich mit Tiento dazu. Inzwischen habe ich es drauf, ein professionelles Pilgerlächeln aufzusetzen, während ich vor laufenden Kameras Hände schüttele. Auf unsere Bitte hin begleitet uns die Tourismusdame anschließend noch bis an den Stadtrand,

Tom ist ja heute nicht dabei, und es erleichtert den Marsch durch den Verkehr, wenn Buffon von jemandem geführt wird.

Südlich der Stadt wird das Gelände flach, der Blick reicht quasi bis zum Horizont – wir haben die Po-Ebene erreicht. Noch 775 Kilometer sind es von hier aus bis nach Rom und 33 Kilometer nach Piazzola sul Brenta, dem nächsten Etappenziel. Bis dahin werden wir heute aber vermutlich nicht kommen, wir sind einfach zu langsam. Ich führe Buffon, Shaqiris Halfter ist an seiner Satteltasche befestigt, Tiento hängt an Shaqiri. Walter geht schräg links neben der Karawane. Schon knapp hinter San Lazzaro, einem Vorort von Bassano, spüre ich seine zunehmende Besorgnis. Bald darauf drängt er zu einer Pause. Hinter einem verlassenen Fabrikgebäude aus den Anfängen des vorigen Jahrhunderts und einem offenbar noch bewohnten Nebengebäude lassen wir die Tiere grasen. Das Gras ist hier bereits wunderbar grün.

Wie jeden Tag kontrolliert Walter die Fußballen der Lamas. Mit sorgenvoller Miene stellt er fest, dass alles halbwegs in Ordnung sei – aber es gelte, die Abnutzung der Ballen auf dem Teer aufzuhalten. Wir müssten uns auf jeden Fall bald etwas einfallen lassen.

Eine ältere Dame reißt uns aus unseren Gedanken. In einer Hand hält sie eine Flasche Prosecco, in der anderen etwas, was in Alufolie gewickelt ist. Sie scheint aus dem Nebengebäude gekommen zu sein, grüßt uns freundlich und fragt, ob wir Pilger Hunger und Durst hätten. Mit diesen Worten öffnet sie die Alufolie, und es kommt eine riesengroße Focaccia zum Vorschein. Wenn wir Zeit hätten, würde sie uns das Essen im Ofen warm machen. Wir nehmen dankend an. Es ist rührend, wie die Dame sich freut und mit ihren Hauspantoffeln durch die nasse Wiese zurück ins Haus stakst.

Walter ist wieder in Gedanken versunken. Es braucht einen Schutz für die Ballen an den Hinterläufen der Lamas, damit diese sich nicht wund laufen. Am besten so etwas wie einen Schuh, den man den Tieren passgenau anziehen könnte.

Da kommt die Dame mit der heißen und traumhaft schmeckenden Focaccia zurück. Während wir essen, will sich unsere Gastgeberin schon verabschieden. Walter übergibt ihr die drei Lamas und möchte wenigstens ein Erinnerungsfoto mit ihr machen, ich geselle mich dazu. Währenddessen kommt der Nachbar aus seinem Haus auf der anderen Seite der Straße und lädt uns zum Kaffee ein. Auch dieser Einladung kommen wir gerne nach, denn es ist weiterhin knackig kalt und die Aussicht auf ein paar Minuten im Warmen lockt ungemein. Die Frau unseres Gastgebers hat bereits Mokka auf den Gasherd gestellt und den Küchentisch mit Zucker, Milch und einer Zweiliterflasche Grappa ausgestattet.

Walter teilt, als wir zusammensitzen, seine Sorgen und die Idee, dass man etwas konstruieren müsse, was die Ballen der Lamas vor dem unbarmherzigen Asphalt schützt. Unser Gastgeber amüsiert sich bei dem Gedanken, den Tieren Schuhe zu machen. Einen Schuster, der selbst Schuhe fertigen könne, gibt es landauf, landab schon lange nicht mehr, aber in fünf Kilometern Entfernung eine Lederwarenfabrik. Vielleicht kann man uns da helfen? Walter und unser Gastgeber steigen kurzerhand in dessen Fiat Uno, Jahrgang 1982, um die Fabrik aufzusuchen. Ich bleibe bei der Gastgeberin; gegen ein zweites Glas Grappa, das sie mir anbietet, habe ich nichts einzuwenden. Nach einer Weile kommen die beiden tatsächlich mit einem Beutel voller quadratischer Lederstücke und vier Rollen breitem Klebeband zurück. Die Idee ist, die Ballen und Läufe der Lamas mit den Lederstücken zu umwickeln und die Konstruktion dann mit dem Klebeband oberhalb der Knöchel zu fixieren. Wir beginnen direkt damit, Buffon mit solchen Lederschläppchen auszustatten, das Tier lässt es geduldig und fast ohne Murren zu. Die Schühchen scheinen ihn nicht zu stören. Danach wird auch Shaqiri gleichermaßen versorgt. Tiento braucht keine Protektoren, da seine Ballen keinerlei Beanspruchung zeigen. Während die beiden muskulöseren Tiere eine etwas schlurfende Gangart haben, hebt Tiento seine Hinterläufe beim Gehen hoch und tritt fast tänzelnd auf. Diese Gangart hat offensichtlich die Ballen bisher gut geschont.

Dann verabschieden wir uns von dem netten Ehepaar, das uns stundenlang beherbergt und geholfen hat, und laufen weiter. Ab Cartigliano führt der Weg vorwiegend dicht am Fluss und in dessen Uferauen entlang. Endlich haben Walter und ich ausgiebig Zeit, uns miteinander zu beschäftigen. Aber wir werden immer wieder aus unseren Gesprächen gerissen, weil sich das neue Schuhwerk der beiden Tiere löst. Das Klebeband ist wohl ziemlich alt. Jedenfalls hält der Kleber nicht lange, und das Band selbst tendiert zum Reißen. Alle halbe Stunde müssen die provisorischen Ledersohlen deshalb neu fixiert werden. Als wir auf die Höhe von Tezze sul Brenta kommen und nunmehr auch das Leder selbst durchgelaufen ist, geben wir entnervt auf. An der Brücke nach Tezze machen wir die Tiere vor einer Bar fest. Die junge Wirtin kommt aus der Tür, begrüßt uns herzlich und zündet einen der auf der Terrasse befindlichen Gaspilze an, um uns etwas Wärme zu spenden. Auch die Lamas vergisst sie nicht, unaufgefordert schleppt sie zwei Eimer Wasser herbei.

Während wir Cappuccino trinken, wird uns klar, dass wir an einem Scheidepunkt unseres Weges angekommen sind. Wir haben zu entscheiden, ob wir unsere Unternehmung hier abbrechen. Denn die Gesundheit und die Bedürfnisse unserer Tiere gehen vor. Für heute ist hier jedenfalls Schluss.

Walter fragt nach einer Möglichkeit, die Tiere über Nacht unterzustellen. Einer der Gäste des Pubs kennt einen örtlichen Reitstallbesitzer und bietet an, Walter dorthin zu fahren. Ich bleibe noch eine Weile, trinke in netter Gesellschaft der Wirtin einen weiteren Cappuccino und schaue nach den Lamas. Schließlich fährt Walter mit zwei Männern im Jeep mit Pferdeanhänger vor. Wir fahren zum Pferdehof, auf dem wir die Lamas bis auf Weiteres unterbringen. Ein Freund der Familie bringt uns nach Tezze zurück, wo wir im *Albergo Centrale* Quartier beziehen. Walter scheint heute Abend zum ersten Mal auf dieser Reise einigermaßen ratlos zu sein, wie es weitergehen soll.

1. MÄRZ // STILLSTAND

Nachts hat es angefangen zu schneien, und es schneit immer noch. 20 Zentimeter Neuschnee sind liegen geblieben. Beim Frühstück bestätigen uns andere Gäste, dass sie sich an solche Wetterverhältnisse Anfang März in der Poebene nicht erinnern können. Unlustig schlürfe ich an meinem Cappuccino und hänge finsteren Gedanken nach, während Walter nach der kurzen Eintrübung gestern wieder neuen Mut gefasst und die Initiative ergriffen hat. Er telefoniert mit seinem Sattler im Sarntal und schildert ihm die Problematik. Dieser gibt zu bedenken, dass Schuhe absolut passen müssen und er daher auf jeden Fall genaue Maße brauche. Am besten würden wir die Tiere bei ihm vorbeibringen. Das ist natürlich nicht zu machen.

Thomas ist noch in Bozen und hat mit den Nachwirkungen seiner Erkältung zu kämpfen. Aber er erklärt sich bereit, mit dem Sattler zum Kaserhof zu fahren, um die Schuhe, die dieser nach den von Walter telefonisch durchgegebenen Maßen gefertigt hat, anderen Hengsten anzuprobieren. So können wir feststellen, ob es grundsätzlich die richtigen Formen sind.

Walter und ich machen uns bald auf den Weg zum Pferdehof, um an den Hinterläufen der Lamas Maß zu nehmen. Fünf Kilometer sind zu bewältigen, es schneit immer noch. Die

Wirtin hat angeboten, uns mit ihrem Auto zu fahren. Aber sie kommt die schneeglatte, steile Rampe an ihrer Garagenausfahrt nicht hoch. So wandern wir entlang der Straße los. Nach etwa 100 Metern braust ein Lkw mit voller Geschwindigkeit vorbei. Eine Matsch- und Wasserfontäne trifft uns auf dem Bürgersteig – volle Breitseite. Walters Laune ist am Boden. Ich wische mir zähneknirschend jede Menge Dreck aus dem Gesicht. Kaum einer der Fahrzeuglenker scheint auf uns zu achten, der Fußweg entlang der viel befahrenen Straße wird zu einer Art Spießrutenlauf. Der Pub, in dem wir gestern eingekehrt sind, ist geschlossen, die Brücke daneben extrem eng. Walter stürmt voran, ich versuche, nicht zurückzufallen, um die Brücke schnell hinter uns zu bringen. Aber es bringt nichts … Vier Lkw decken uns während der Brückenquerung mit Schneematsch ein.

Direkt nach der Brücke geht ein Feldweg links ab. Dort rasten wir und reiben uns mit frischem Schnee von der Wiese gegenseitig den Dreck von unserer Regenkleidung und aus unseren Gesichtern.

Der Fahrer, der uns gestern vom Pferdehof ins Hotel brachte, hat unterwegs immer wieder angehalten, um uns Orientierungspunkte für den Rückweg zu zeigen. Aber die Landschaft ist heute tief verschneit und sieht vollkommen verändert aus. Wir laufen quer über eine Wiese zu einer herrschaftlichen Villa aus dem 16. Jahrhundert, die uns irgendwie bekannt vorkommt. Dabei übersehen wir einen etwa 2,5 Meter breiten Entwässerungsgraben, der uns den Weg abschneidet. Weit und breit ist keine Brücke zu sehen. Walter nimmt Anlauf und überquert den Graben mit einem beherzten Sprung. Ich denke nicht lang nach und folge ihm. Fertig zum Sprung stolpere ich jedoch mit dem rechten Fuß über einen Stein, den ich unter der Schneedecke nicht gesehen habe. Trotzdem schaffe ich es, die Distanz zu überwinden. Allerding rutsche ich am gegenüberliegenden, ziemlich steilen Ufer ab, schmiere den Hang hinunter in den Graben und stehe mit dem rechten Fuß knöcheltief im Wasser. Den weiteren Weg begleitet mich bei jedem Schritt ein quietschendes Geräusch. Mein völlig durchnässter Bergschuh trieft vor Feuchtigkeit.

Endlich erreichen wir den Pferdehof. Die Lamas stehen friedlich im Schnee und scheinen mit ihrer Situation zufrieden zu sein. Tiento hat seinen Kopf wieder einmal in einem Heuballen vergraben.

Zusammen schauen sich Walter und ich nochmals die Ballen der Tiere an. Für mich sieht es so aus, als hätten sie sich erholt, ich kann jedenfalls keine Abschürfungen, wunden Stellen oder Ähnliches erkennen. Walter will auf Nummer sicher gehen, Gesundheit und Wohlergehen der Tiere haben oberste Priorität. Deshalb messen wir unter den erstaunten Blicken des Pferdewirts und anderer anwesender Reiter gründlich die Hinterläufe der Lamas aus. Walter fertigt eine Zeichnung mit den genauen Maßen an, die er dann fotografiert und mit seinem Mobiltelefon an den Sattler und an Tom schickt. Netterweise werden wir anschließend noch zum Aufwärmen und Essen eingeladen, dann fährt uns der Sohn des Besitzers ins Hotel zurück.

Der Sattler hat sich zwischenzeitlich schon Gedanken gemacht und eine Schuhkonstruktion entworfen, deren Skizze er uns per Mail schickt. Walter meint: »So kann es funktionieren.« Ein Prototyp soll bereits am nächsten Tag fertig sein.

2. MÄRZ // WIESO IST UNS DAS NICHT FRÜHER EINGEFALLEN?

Tom will den Sattler, der bis weit in die Nacht hinein gearbeitet hat, am Vormittag in Oberbozen treffen und dann mit dem Prototyp für die Lama-Schuhe zum Kaserhof fahren, auch wenn sich seine Erkältung inzwischen in eine hartnäckige Grippe gewandelt hat.

Wir müssen weiter, um nicht vollkommen aus dem Zeitplan zu fallen, wollen aber die Lamas keinem Risiko aussetzen, auch wenn deren Ballen wieder vergleichsweise gut aussehen. Nach dem Frühstück im Hotel sind wir erneut zum Pferdehof gelaufen und warten dort auf Nachrichten. Als Tom ein Video mit den ersten Gehversuchen des Lama-Hengstes Luigi mit den neuen Protektoren schickt, sind wir entschlossen, aufzubrechen. Es scheint alles zu passen, und der Sattler hat ganze Arbeit geleistet!

Walter kennt den Bürgermeister von Abano, Federico Barbierato. Dieser hat für uns im Kloster der Salesianer in Monteortone eine Unterkunft organisiert. Dort können wir auf Tom warten, der die fertigen Protektoren mitbringen soll.

Wir fragen den Pferdewirt, ob er oder einer seiner Angestellten uns gegen Bezahlung mit dem Pferdehänger irgendwo vor Padua absetzen kann. Er ist direkt dazu bereit, allerdings gibt es ein Problem: das Zugfahrzeug ist defekt und seit gestern zur Reparatur. Frühestens gegen 15 Uhr sei der Wagen wieder verfügbar. Aber wir sollen einfach mit seiner Familie zu Mittag essen, danach werde sich alles finden.

Von Padua aus wollen wir heute noch die etwa zehn Kilometer weite Wegstrecke bis nach Abano Terme bewältigen, eine vertretbare Distanz, auch für die Lamas. Um 16 Uhr ist endlich alles bereit, die Lamas sind auf dem Hänger verladen, der Sohn des Pferdewirts fährt uns. Walter und ich haben bei Buffon und Shaqiri bereits neue, gedoppelte Lederstücke mit frischem Klebeband an den Hinterläufen befestigt. Sicher ist sicher.

Mitten in Padua laden wir die Hengste aus dem Hänger, verabschieden uns herzlich von unserem Gastgeber und Helfer. Das angebotene Geld weist er brüsk zurück. Es sei ihm und seiner Familie eine Freude gewesen, die exotischen Lamas und uns zu beherbergen.

Tiento übernimmt die Führung der Karawane. Die Tiere laufen gut, die Provisorien an ihren Hinterläufen halten, auch bei einsetzendem Schneeregen. Wir laufen am Dom von Padua vorbei durch die belebte Innenstadt und erreichen die Via Umberto I, die große Einkaufsmeile. Schicke Läden unter Arkaden, vornehm angezogene Geschäftsleute, flanierende Paare. Dazwischen wir in Pilgerkluft mit unseren drei Lamas. Auch hier wird unser Einzug schnell zu einer Art Volksfest. Manchmal steht die Menschenmenge so dicht, dass wir mit unseren Tieren nicht mehr vorankommen. Der Geräuschpegel ist heftig: Wünsche nach Selfies, Schreie der Verwunderung und Entzückung. Mitglieder einer herbeigeeilten Schülergruppe stellen die immer gleiche Frage: »Spucken die Lamas?«, und gehen dabei schon angedeutet in Deckung. Eine plötzliche Eingebung diktiert mir die Antwort: »Normalerweise nicht, nur wenn es zu laut wird und kein gebührender Abstand zu den Tieren eingehalten wird.« Und siehe da, die Menge verstummt und tritt einen Schritt zurück. Wieso ist uns dieser Trick bloß nicht früher eingefallen? Walter kann sich vor Lachen kaum halten.

Wir kommen auf diese Weise problemlos durch die Menschenmenge, biegen einmal links, dann rechts ab und stehen vor der Westfassade der Basilika des hl. Antonius. Was für ein Anblick! Ein Stein gewordener Ausdruck der Gottesverehrung. Die Fassade ist etwa 30 Meter breit und bestimmt 40 Meter hoch; fünf Arkaden mit Spitzbögen, überragt von acht Kuppeln im byzantinischen Stil. Auf einer der Kuppeln thront in über 70 Meter Höhe ein Engel.

Wir machen die Lamas rechts vor dem Eingang fest, weil wir uns das Kircheninnere mit der letzten Ruhestätte des hl. Antonius ansehen wollen. Gleich sind wir wieder von einer Masse an Schaulustigen umringt. In dieser Situation können wir die Lamas nicht allein auf dem Platz stehen lassen. Walter geht ins Pfarrbüro und lässt sich unsere Ausweise abstempeln, danach betreten wir nacheinander die Kirche. Einer passt auf die Tiere auf, während der andere Zeit für sich und die Besichtigung des Bauwerks hat.

Das Innere der Kirche hat gewaltige Dimensionen. Ein dreischiffiges Langhaus erstreckt sich über sicherlich 120 Meter, durchschnitten von einem 50 Meter breiten Querschiff. Am Schnittpunkt der beiden Achsen erhebt sich eine etwa 40 Meter hohe Kuppel.

Die Zeit reicht nur für ein kurzes Gebet, denn Walter wartet im Schneeregen mit den Lamas auf mich. Von der Geschichte des hl. Antonius habe ich nur spärliche Kenntnisse. Trotzdem ist es ein erhebender Moment, hier zu sein. Die Architektur des Gotteshauses ist beeindruckend.

Vor der Kirche treffe ich Walter und die Lamas in einer Traube von Menschen. Viele wollen nicht nur Fotos machen und die Tiere streicheln, sondern uns gegenüber auch die Achtung vor unserem Vorhaben zum Ausdruck bringen. Die Menschen scheinen etwas mit unserer Unternehmung zu verbinden, sie wollen irgendwie daran teilhaben. Und wenn es nur ein kurzes Gespräch mit uns ist. Sie scheinen einen Sinn in dem Ganzen zu sehen. Wenn sie nur wüssten, wie wenig ich selbst bis jetzt damit verbunden habe, wie sehr ich allein mit der Bewältigung der Wegstrecke beschäftigt war. Sie wären enttäuscht, schießt es mir durch den Kopf.

Wir laufen in südlicher Richtung weiter bis zur verkehrsreichen Viale Giordano Bruno. Hier passiert uns ein folgenreicher Fehler. Tom, der uns bislang stets gut geführt hat, fehlt einfach. Wir nehmen die falsche Brücke und gelangen so auf die Staatsstraße Nr. 16, einen Autobahnzubringer, auf der östlichen Seite des Kanals. Nach etwa zwei Kilometern endet der Bürgersteig abrupt, und wir sind dem tosenden Berufsverkehr nun unmittelbar und wehrlos ausgesetzt. Autos und Lastwagen rasen ohne die geringste Rücksicht an uns vorbei. Manche hupen als Warnung, andere, um uns zu grüßen. Einige werden langsamer, um Fotos zu schießen – es folgt das heftige Geräusch quietschender Reifen der dahinter heranbrausenden Fahrzeuge. Eine irgendwie irreale, fast apokalyptische Szenerie. Auf der anderen Seite des Kanals sehen wir die ganze Zeit über den geschützten Fußweg, dem wir hätten folgen sollen. Aber wir kommen nicht über den Kanal, denn es gibt weit und breit keine Brücke.

Als sich der Schneeregen verstärkt und die Dunkelheit einsetzt, läuft alles völlig aus dem Ruder. Wieder bekommen wir Gischtfontänen ab, vor allem von vorbeirasenden Lkw. Mit Mühe und Not können wir uns in einen Innenhof etwas abseits der Straße retten, um Buffon zu helfen. Sein Lederschuh hat sich unter dem unaufhörlichen Schneeregen vom rechten Lauf gelöst und muss wieder fixiert werden. Außerdem müssen wir Maßnahmen ergreifen, unsere Lamas und uns in der Dunkelheit sichtbar zu machen. Zum Glück haben wir daran gedacht, Reflektoren mitzunehmen, die wir nun an den Vorder- und Hinterläufen der Lamas befestigen. Auch wir schnallen uns solche Teile um die Arme und ziehen unsere Stirnlampen an.

Eine Stunde später erreichen wir die lang ersehnte Brücke, aber wir kommen nicht über die Fahrbahnen auf die andere Straßenseite. Der Verkehr ist einfach zu dicht. Walter reicht es irgendwann, nachdem wir eine Weile gewartet haben, ob sich eine Lücke im schier endlosen Verkehrsstrom ergibt. Er befestigt seine Stirnlampe am Pilgerstab und hält diesen am ausgestreckten Arm in die Fahrbahn. Reifen quietschen, Autos hupen, deren Besitzer schreien vor Wut. Aber der Verkehr steht, und das gleich auf beiden Fahrbahnen. Ich führe die Karawane vollkommen unbeeindruckt über die Straße, dann über die Brücke ans rettende Westufer. Da stehen wir jetzt, vollkommen entnervt, dreckig und nass, aber in Sicherheit. Walter klatscht ab. Geschafft!

Jetzt sind wir zwar auf der richtigen Seite des Kanals, aber bereits zu weit südlich. In einem großen Bogen laufen wir in Richtung Abano. Der Schneeregen geht in Schnee über. Inzwischen müssen wir die provisorischen »Schuhe« der Tiere alle zehn Minuten neu fixieren. Als wir endlich die Lichter von Abano sehen, haben sich die Teile im Matsch vollkommen aufgelöst, und auch unsere Bergschuhe sind total durchnässt. Jeder Schritt wird von einem Quietschen und Gurgeln begleitet. Es ist halb neun, und es reicht. Die Stimmung ist auf dem Tiefpunkt.

Walter ruft den Pferdewirt an, bei dem die Lamas heute untergestellt werden sollen, und bittet ihn, uns abzuholen. Fehlanzeige. Der Mann hat keinen Anhänger und kann jetzt auch keinen besorgen. Aber er will uns mit dem Auto entgegenkommen und uns schon einmal die Rucksäcke abnehmen.

Wir legen den Lamas einen Satz frischer »Ballenschoner« an und ziehen weiter. Bloß nicht stehen bleiben, schießt es mir durch den Kopf. Und hoffentlich verlaufen wir uns nicht noch einmal. Denn in unserem Zustand und bei der Kälte kann man schnell ins Abseits geraten.

Plötzlich kommen uns Scheinwerfer entgegen. Es ist der Pferdewirt, der uns gefunden hat. Er stellt sein Auto ab und führt uns nach Monteortone. Dort hat er ein kleines Grundstück und einen Unterstand für seine drei Pferde. Auch unsere Lamas finden Platz. Sie sind sichtlich müde und machen sich sofort über das Heu her, das wir ihnen vorsetzen.

Angekommen! Im Kloster der Salesianer, das nahe der Pferdekoppel liegt, schaue ich aus dem Fenster in einen weitläufigen Kreuzgang. Der Schneefall hat aufgehört, als wir das rettende Kloster erreicht haben. Zufall oder Prüfung?

3. MÄRZ // UNBEANTWORTETE FRAGEN

Walter steht im Frühstücksraum, als Tom anruft. Die Protektoren sind leider frühestens am Nachmittag fertig, er holt dann alles beim Sattler im Sarntal ab. Seine Grippe sei immer noch nicht ganz auskuriert, er werde wohl erst morgen zu uns aufbrechen können. Was nun? Sollen wir die Lamas noch einmal provisorisch ausstatten und einfach weiterziehen? Wir entscheiden uns dagegen und legen einen Ruhetag ein, den wir im Thermalbad verbringen. Während wir im warmen Wasser des Außenbeckens liegen, prasselt uns der Regen auf den Kopf.

Zum Abendessen sitzen wir alleine in dem großen Saal des Klosters, einen Raum weiter speisen die Patres. Wir essen vorzüglich, dazu gibt es einen einfachen, kräftigen Rotwein. Gerade als wir uns über die als Nachtisch gedachten Früchte hermachen wollen, betritt der Prior den Raum und fragt, ob er sich zu uns setzen darf. Ihn interessiert, wie wir den Entschluss zu einer Pilgerreise getroffen haben, welche Erwartungen wir damit verbinden. Und wie unsere bisherigen Erfahrungen sind.

Walter erzählt, dass ihn der Wunsch, nach Rom zu pilgern, schon seit 15 Jahren umtreibt. Über die Schwierigkeiten, die er beim Aufbau des Kaserhofs hatte, all den Verpflichtungen, die ihn immer wieder davon abgehalten haben, endlich aufzubrechen. Und nun haben wir schon ein knappes Drittel des Weges hinter uns!

Walter spricht auch von den Problemen mit den Lamas – und von seiner Hoffnung, es dennoch bis nach Rom, zum Papst, den er verehrt, zu schaffen.

Als sich der Prior mir zuwendet, schießen mir viele Gedanken durch den Kopf: Soll ich sagen, was ich denke? Vielleicht: »Ich bin eigentlich kein Pilger und nur mitgelaufen, nachdem ich mehrfach dazu aufgefordert worden bin.« Oder: »Die meiste Zeit über war ich bis jetzt damit beschäftigt, meinen schlechten Gesundheitszustand zu betrauern. Keinesfalls wollte ich dadurch, dass ich zurückhing, die beiden Freunde auf ihrem Weg behindern …«

Von meiner Erkrankung will ich nicht sprechen. Es scheint mir irgendwie unangemessen zu sein. Ich traue mich auch nicht, davon zu reden, dass mich das Gefühl, Danke sagen zu müssen, dazu bewegt hat, aufzubrechen.

»Ja, ich bin von Herzen dankbar für alles, was mir in meinem Leben bislang möglich geworden ist.« War es wirklich dieser Gedanke, der mich angetrieben und aus der Komfortzone gescheucht hat? Und wem wollte ich eigentlich Dank sagen?

Dem lieben Gott, Jesus Christus? Glaube ich denn wirklich an irgendetwas?

Und was will ich eigentlich hier, mitten in der verschneiten Po-Ebene in einem Kloster? Aus welchem Grund habe ich Heim, Herd und Arbeit verlassen? Suche ich etwas? Gibt es auf diesem Weg etwas, das ich finden könnte? Oder habe ich schon gefunden, was ich gesucht habe? Mir fällt nichts ein, also beschließe ich, dem Prior einfach meine Fragen, meine Zweifel und meine Leere zu beichten. Als ich die Ausführungen beende, schweigt er eine Weile. Dann sagt er nur zwei Sätze: »Fragen und Zweifel sind der Anfang der Erkenntnis, sie werden ihren Weg schon noch finden! Gott lenkt sie, wenn sie es zulassen.«

Bevor ich den Sinn seiner Worte erfassen, geschweige denn reagieren kann, betritt eine junge Frau den Saal und will wissen, ob sie uns auf den nächsten Etappen unseres Weges begleiten darf. Der Salesianer verabschiedet sich.

Walter unterhält sich mit der Dame, ich bleibe für mich und denke über die beiden Sätze des Priors nach. Da läutet mein Telefon. Tom hat sich doch noch auf den Weg gemacht und steht jetzt vor verschlossener Klosterpforte.

4. MÄRZ // IRRWEG

Tom ist voller Tatendrang, er hat sich auskuriert und ausgeruht. Walter freut sich über die mitgebrachten Ballenprotektoren für die Lamas, eine Glanzleistung alten Schuhmacherhandwerks. Schon die äußere Form ist gefällig, die Liebe des Schöpfers zu den Details umwerfend. Doch die Lamas sind skeptisch. Die beiden Kraftpakete Buffon und Shaqiri haben zunächst überhaupt kein Verständnis, so etwas wie Schuhe anziehen zu müssen. Aber es ist wie so oft: Einmal angezogen, ist alles gut. Die Teile stören die Tiere offenbar in keinster Weise.

Zunächst ist es aber wieder Zeit für weitere Begegnungen. Frederico Barbierato, Bürgermeister und Ritten-Reisender, betritt mit seiner Entourage, bestehend aus seinem Vize, dem Tourismuschef und dem Gemeindesekretär, die Bühne. Im Schlepptau haben die vier einige Journalisten und Fotografen. Die Freude des Bürgermeisters, Walter und die Lamas wiederzusehen, ist echt, die beiden gehen vertraut miteinander um. Alles andere ist Routine: knackige Statements zur Reise, Fotos mit Pilgerlächeln und Händeschütteln. Alle begleiten uns anschließend noch ein Stück.

Am Straßenrand vor dem Kloster der Salesianer stehen der Prior und einige Brüder, von denen wir uns noch verabschieden wollten, und warten auf uns. Der Prior klopft mir vieldeutig auf den Rücken und gibt mir einen festen Handschlag. Ich meine seine Geste zu verstehen: Ja, ich werde weitersuchen, bis ich meinen Weg und den Sinn gefunden habe.

Heute gibt es zum Glück keinen Schneeregen, nur dichten Nebel auf dem Weg in die Colli Euganei, die Euganeischen Hügel. Dämme und Entwässerungsgräben bestimmen den Streckenverlauf. In ein Gespräch vertieft schaue ich auf und sehe einen Hügel, der sich kegelförmig nach oben verjüngt und dessen Spitze sich in den Wolken verliert. Das Bild erinnert mich unwillkürlich an die Darstellung des *Purgatorio* in meinem alten Schulbuch. Unter der Erde, mit einem versteckten Eingang im Wald, liegt die Unterwelt, das *Inferno* mit den verlorenen Seelen, darüber lodert das Fegefeuer, das *Purgatorio*. Hier können sich die Seelen bewähren, um irgendwann nach Sühne und Buße ins *Paradiso* aufzusteigen, das sich in den Wolken verbirgt. Einen Ort, an dem die Seelen in Einklang mit der barmherzigen Liebe Gottes in vollkommener Glückseligkeit leben.

Das Bild des *Purgatorio* ist mittelalterlicher Ausdruck eines Gottesbildes, das Gut von Böse unterscheidet – und die Möglichkeit, einen Weg zu finden, Gott näherzukommen. Ein Pilgern zwischen zwei Polen. Auf der einen Seite unsere traurigen Erlebnisse und all das Dunkle: Hass, Gewalt, Ungerechtigkeit, Bosheit, üble Krankheit – das *Inferno*. Auf der anderen Seite das Wahre, Schöne, Gute – die Liebe, die es zu erreichen gilt. Das Paradies. Dazwischen das *Purgatorio*, der Ort der Suche nach Erkenntnis, ein Raum der Buße, Sühne und Bewährung. Pilgern als Weg, auf dem die Entscheidung fällt, ob wir im Schatten gefangen bleiben oder zum Licht gelangen. Zur Erkenntnis des Wahren und zur Liebe.

Das Bild des suchenden Menschen, das auch der französische Philosoph Gabriel Marcel in seinem Werk *Homo Viator* aufgenommen hatte: der Mensch, ein Wanderer, den Gott ausgesandt und in die Welt gesetzt hat, auf dass er wieder zu ihm zurückfinde. Ist dies der Schlüssel zu den Worten des Priors? Indem wir auf unserem Weg sowohl das Böse als auch das Gute erfahren, können wir entscheiden, in welche Richtung wir weitergehen wollen. Ein schönes Bild. Aber wie kann ich es zu Ende denken? Ich versuche mich in der Definition des Bösen. Plakative Bilder sind die einfachsten: Mord und Totschlag, Krieg und Ungerechtigkeit als direkte Ausdrucksformen des Bösen. Aber was ist mit anderen, negativen Gefühlen und Taten, die uns Menschen herausfordern? Nicht immer kann man das Böse von Anfang an erkennen. Versteckt es sich nicht oft geschickt im Kleid des Guten? Und kann die Liebe nicht auch Böses in sich tragen, indem sie andere ausschließt oder in überzogener Form ins Negative umschlägt? Wie soll man zur Erkenntnis gelangen, welcher Weg der richtige ist, wenn schon die Definition der Begriffe Gut und Böse nicht einfach ist?

Wollte der Prior mich gestern Abend darauf hinweisen, dass all mein Denken nicht weiterhilft und dass Gott allein in der Lage ist, mir über diese Hürde zu helfen und mich zur Erkenntnis zu führen?

»HALT!« Ein lauter Schrei von Walter holt mich ins reale Geschehen zurück. Shaqiri hat beide Protektoren verloren. Es zeigt sich ein wesentlicher Konstruktionsfehler: Die Schuhe sind Hufprotektoren für Pferde nachempfunden, sie schützen die Ballen durch eine feste Sohle, verfügen aber nicht über Schäfte, mit denen man sie an den Hinterläufen fixieren könnte.

Tom holt die Ballenprotektoren für Großhunde aus dem Rucksack, die seine Tochter Bettina sicherheitshalber besorgt hat. Und siehe da, sie passen wie angegossen und sind leicht an den Hinterläufen mit einem Klettverschluss zu fixieren. Nach kurzer Aufregung kann es weitergehen. Wir folgen dem Kanal und erreichen das Zentrum von Battaglia Terme. Es ist ein typischer Sonntagnachmittag, wenige Leute sind auf der Straße, Bars und Geschäfte geschlossen. Nur ein paar streunende Hunde kläffen unsere Karawane an.

In der Abendsonne sitzen wir auf den Stufen einer steinernen Brücke, neben uns haben wir die Lamas festgemacht. Die etwa zwölf Kilometer lange flache Wegstrecke hat uns nicht wirklich gefordert. Wenig später sind wir umringt: Ein jüngeres Paar kommt vom Spaziergang aus Monselice zurück, eine

Dame grüßt und fragt, ob wir hungrig seien. Sie sei aus Apulien und hätte uns heimatliche Spezialitäten anzubieten, die vom Mittagessen übrig geblieben sind. Ihr Mann holt gleich drei Flaschen Wein. Auch bei uns kommt jetzt ein Sonntagsgefühl auf. Essen und Wein schmecken gut, Monselice ist höchstens eine Stunde entfernt.

Die Apulierin erzählt von ihrer Heimat, dann von den letzten 20 Jahren hier in der Po-Ebene, in denen sie ihren Mann kennen- und lieben gelernt hat. Und sie spricht euphorisch von der erstaunlichen Wirkung unseres völker-, ja kulturverbindenden Treffens. Das Pärchen schwärmt von der bevorstehenden Hochzeit. Ich rauche und schaue auf den Teppich von Plastikmüll, der träge im Kanal treibt. Wir werden alle noch in unserem eigenen Dreck ersticken.

Vier Kilometer sind es entlang des Kanaldeiches schnurgeradeaus nach Monselice, am Wegrand stehen Villen aus dem 16. und 17. Jahrhundert. Walter hat seinen Freund Dario angerufen, der einen Reiter- und Lama-Hof etwas außerhalb von Rovigo besitzt. Bald darauf kommt dieser mit einem Hänger, um uns abzuholen. Und morgen früh wird er uns wieder hierher zurückbringen.

Die Lamas sind mit ihrem Nachtquartier selig. Aber die Ballen Shaqiris geben Anlass zur Sorge. Darüber hinaus ist eine andere Schwierigkeit aufgetaucht, die keinen Aufschub mehr duldet. Der Südtiroler Amtsveterinär hatte schon früh aus der Presse erfahren, dass Walter mit drei Lamas auf dem Weg nach Rom ist. Aufgeregt hat er ihm klargemacht, dass seine Lamas gegen eine bestimmte Art von Schafkrankheit zu impfen seien, die in der Emilia-Romagna auftrete. Walter verstand die Aufregung nicht, die Tiere waren gegen jede nur denkbare Krankheit geimpft, die auf Lamas übertragen werden könnte. Das hatte ihm auch der für seinen Hof zuständige Veterinär bestätigt. Aber die übergeordnete Stelle bestand darauf: Die Lamas müssten nun unverzüglich geimpft werden. Darüber hinaus braucht es eine neue Lösung in Sachen Schuhwerk. Die Ballenprotektoren für Großhunde sind bereits nach einem Tag durchgelaufen. Walter ist klar, dass er jetzt nach Südtirol zurückkehren und gemeinsam mit dem Sattler eine langfristige

Lösung finden muss. Sonst müssen wir unsere Unternehmung abbrechen, um zu verhindern, dass die Tiere irgendwann lahmen. Eine weitere Überlegung ist es, Shaqiri, dessen Ballen am anfälligsten sind, gegen einen anderen Hengst auszutauschen. Und dies muss vor der anstehenden Impfung entschieden werden.

Unser Gastgeber ist freundlicherweise bereit, Walter sein Zugfahrzeug und den Hänger zu leihen, um die Lamas ins Sarntal zu bringen. Die Entscheidung, Shaqiri auszutauschen, soll bis morgen fallen. Tom und ich werden nach Monselice zurückfahren und die Etappe nach Rovigo laufen. Abends wollen wir uns dann alle wieder hier bei Dario treffen. Die Lamas sollen nach dem Termin beim Sattler von Luisa, einer Mitarbeiterin von Walter, nach Santa Sofia gebracht und dort geimpft werden. Anschließend müssen sie drei Tage ausruhen.

Die einmal getroffene Entscheidung macht uns wieder Mut, die Lamas unbeschadet über die Distanz zu bringen. Zum

Abendessen fahren wir in ein Restaurant außerhalb Rovigos, das uns Dario empfohlen hat. Geführt wird das Lokal von zwei tüchtigen Zwillingsschwestern. Die eine ist Köchin, die andere managt mit Freundlichkeit und Entschiedenheit den gut gefüllten Gastsaal.

Walters Augen leuchten förmlich beim Blick in die Speisekarte – Fischspezialitäten in jeder erdenklichen Art und Zubereitungsform. »Endlich«, seufzt er, »nach all der deftigen Küche der Vortage.« Gang um Gang lassen wir auftragen, einer köstlicher als der andere, ein maritimes Festessen.

Als wir nach dem Essen an der Bar sitzen und uns den Werdegang der sympathischen Zwillinge erzählen lassen, schäme ich mich fast für den Ausbruch von Schwelgerei. Wie lässt sich das mit einer Pilgerreise, noch dazu in der Fastenzeit in Einklang bringen? Die katholische Kirche hält hierfür glücklicherweise eine hilfreiche Regel bereit: Pilger sind von der Fastenverpflichtung ausgenommen! Was für ein Glück, denke ich und schmunzle innerlich.

5. MÄRZ // VON KRANKHEIT UND HOFFNUNG

Walter hat sich frühmorgens auf den Weg ins Sarntal gemacht. Tom und ich sitzen am Frühstückstisch und blicken auf die Karte: Nach Rom sind es noch 677 km, heute stehen 34,7 km auf dem Programm. Dario bringt uns beide nach Monselice, wo wir zu Fuß starten.

Tom hat offenbar entschieden, dass es an der Zeit ist, meine Fitness zu steigern. Schnellen Schrittes durchqueren wir die Stadt und folgen dem Asphalt hinaus in die sogenannten Polesine, einen Streifen flachen Landes zwischen den Flussläufen von Po, Garzone und Etsch. Letztere wollen wir in Anguillara Veneta, wo es eine Brücke gibt, überqueren.

Während ich bemüht bin, die Geschwindigkeit zu halten, ist Tom in Stimmung für tiefergehende Gespräche. Er will sich offensichtlich ein Bild machen, was es denn nun mit meiner Krebserkrankung auf sich hat. Dazu passt das äußere Geschehen: Eine dicke Nebelschicht taucht die trostlos flache Landschaft in verschwommene Konturen. Nur hie und da erheben sich schwarz und bewegungslos Pappeln wie Fixpunkte aus dem dichten Nebel.

Um einen Einstieg zu finden, beginnt Tom erst einmal damit, über seine eigene gesundheitliche Krise vor 13 Jahren zu sprechen. Über zunächst unerklärliche Kopfschmerzen, über Müdigkeit und Schlaffheit, die er keiner Ursache zuordnen konnte – bis hin zum Verlust der Sehfähigkeit auf einem Auge. Die mit der Diagnose befassten Mediziner standen vor einem Rätsel, hatten aber einen Verdacht, den zunächst keiner auszusprechen wagte. Erst nach längerer Untersuchung stand die vernichtende Diagnose fest: ein tennisballgroßer Tumor im Hirn drückte auf den Sehnerv. Aufgrund seiner Größe und Position war er schwer operabel, die Chance, ihn erfolgreich zu entfernen, lag lediglich bei 50 Prozent. Ohne Operation prognostizierte man ihm eine Lebenserwartung von höchstens sechs Monaten. Allein das Ergebnis der Biopsie stand noch aus.

Tom erzählt gefasst von den Nächten, in denen er nicht schlafen konnte, den Beklemmungsgefühlen und dem Albtraum der Unausweichlichkeit – seine Frau Barbara und seine Tochter Bettina als Kleinkind allein zurücklassen zu müssen. Gedanken, die ihn veranlasst hatten, sich mitten in der Nacht anzuziehen und in den Wald zu laufen, sich durch Bewegung dem Sog des unvermeidbar scheinenden Schicksals zu entziehen. Wie er anfänglich schon nach wenigen Hundert Metern aufgeben musste, wie Barbara ihn mitten in der Nacht mit dem Auto gesucht hatte, um ihn wieder zurück nach Hause zu bringen. Von der aufkeimenden Hoffnung, als er Nacht um Nacht längere Wegstrecken zurücklegen konnte. Wie er schließlich nicht mehr durch die Nacht gewandert, sondern gelaufen war, er sich durch Bewegung dann tatsächlich aus dem nächtlichen Sog von Angst und Verzweiflung befreien konnte.

Während wir gehen, entfaltet Tom Stück für Stück, fast im Takt unserer Schritte, seine Gedanken und spricht von der Wendung durch eine unerklärliche, glückliche Fügung – als die endgültige Diagnose feststand. Der Biopsie, die ergab, dass es sich nicht um einen bösartiger Hirntumor handelte, sondern einen gutartigen Hypophysentumor, noch dazu medikamentös behandelbar!

Tom erzählt von der Erleichterung, wie die Therapie tatsächlich angeschlagen, er seine nächtlichen Waldläufe nunmehr aus Dankbarkeit über das wiedergewonnene Leben weitergeführt hatte. Dann der Tumor schließlich beinahe zur Unkenntlichkeit geschrumpft sei, er in jeder Hinsicht den Sieg gegen seinen Feind im Kopf errungen hatte. Die Momente des Glücks und der Erleichterung, als in engmaschiger Kontrolle von Untersuchung zu Untersuchung nie mehr ein positiver

Befund festgestellt werden konnte, er geheilt war. Was diese lebensbedrohliche Erfahrung mit ihm gemacht hatte, wie er zunächst angefangen habe, sein bisheriges Leben auf den Prüfstand zu stellen. Dass er dabei alles umgekrempelt und infrage gestellt – Wichtiges von dem tonnenschweren Ballast des Unnützen und des Fadenscheinigen geschieden hatte. Wie ihm bewusst wurde, dass er just im Moment seiner Diagnose seine Pflicht erfüllt hatte, weil seine Familie finanziell abgesichert war. Dass er den Erwartungen seiner Eltern und Verwandten in vollem Umfang nachgekommen war, die ihm durch Fleiß und oft eigene Entbehrung Eliteschule und Studium ermöglicht hatten. Deren Erwartungen hatte er nicht enttäuschen wollen.

Die Erfüllung dieser Erwartungen und Pflichten hatte ihn zu einem Leben auf der Autobahn und im Flugzeug, in Stress und Anstrengungen getrieben. Kurzum, er hatte ein Leben als Gefangener seiner Verstrickungen in tatsächliche und imaginäre Pflichten geführt. Sich selbst, seinen Körper und dessen Bedürfnisse nicht mehr gespürt. Jetzt hatte er erkannt, dass ihm die glückliche Fügung ein neues, ein selbstbestimmbareres Leben schenkte.

Als er seine Ausführung schließt, erinnere ich mich, dass er mir damals von seiner Erkrankung berichtet hatte. Mit Erleichterung hatte ich die endgültige Diagnose aufgenommen, dann aber nicht mehr nachgefragt. Das Kapitel war für mich abgeschlossen. Nicht dass es mir an Empathie gefehlt hätte, aber Schicksale anderer können oft unerklärlich weit weg sein, im Nebel des Verdrängens und Vergessens, hinter dem Kosmos der eigenen Welt verborgen.

Tom hat mir gerade die Möglichkeit eröffnet, jetzt Versäumtes nachzuholen, meiner Empathie freien Lauf zu lassen und den Einstieg in ein Gespräch über meine aktuelle Situation zu finden. Aber ich versage kläglich, meine Gedanken drehen sich im Kreis. Nirgendwo finde ich einen Anfang, einen festen

Punkt, der mir helfen würde, meine Gedanken zu ordnen, geschweige denn auszudrücken. Immer noch nicht habe ich die Auszeit des Pilgerns genutzt, um mir Gedanken zu machen, was ich aus der Erfahrung mit meiner Krankheit gelernt habe. Wie ich gedenke, mein zukünftiges Leben mit der Krankheit zu gestalten. Ich mache also das, was ich in ausweglosen Situationen immer tue: Ich stelle Fragen, um das Gespräch von mir abzulenken, kapituliere, ohne die Kapitulation zu erklären.

Tom durchschaut mich offensichtlich und versucht, mich ins Gespräch zurückzuholen, indem er nochmals auf die körperliche Bewegung zurückkommt, die für ihn ein wesentlicher Faktor war. Er vergleicht seine damals mangelhafte körperliche Fitness mit meiner aktuellen Form. Aber ich will auf diesem Punkt gar nicht näher eingehen – offensichtlich bin ich noch nicht so weit. Tom hingegen hat den Ausbau meiner Fitness fest im Blick und erhöht nochmals die Marschgeschwindigkeit.

Für jeden ersichtlich war Sport in den letzten 20 Jahren nicht meine bevorzugte Freizeitbeschäftigung. Das will ich jetzt ändern. Und ich will Tom nicht enttäuschen, deshalb erzähle ich ihm, dass die Pilgerreise ein erster Schritt in die richtige Richtung sei. Schon vorher hätte ich während der Bestrahlungseinheiten intensiv im Fitnessstudio trainiert, um die auftretenden Müdigkeitserscheinungen zu lindern. Nach dem Entschluss, an der Pilgerreise teilzunehmen, habe ich mich beinahe täglich zu mehr oder weniger anspruchsvollen Wanderungen aufgemacht. Und es ist mein Plan, die höhere körperliche Leistungsfähigkeit nach der Reise mit in den Alltag zu nehmen. Tom scheint zu bemerken, dass ich mit meinen Ausführungen lediglich seinen Erwartungen entsprechen will. Das zwingt mich zum Einlenken. Innerlich denke ich: Ganz ehrlich, ich bin an einem High-Risk-Karzinom erkrankt und habe, wie man mir prognostiziert hat, eine Lebenserwartung von nur noch 7 bis 15 Jahren. Zwar haben die behandelnden Medizinern zu körperlicher Aktivität als ergänzende Therapiemaßnahme geraten – die Vorstellung, dadurch eine Heilung herbeizuführen, liegt mir aber fern.

Mein Weggefährte dringt nicht weiter in mich. Wir durchqueren die Ortschaft Stroppare, das erste Anbaugebiet der seinerzeit aus Amerika importierten Kartoffel in Italien, wie ein Schild am Ortseingang stolz verkündet. Keine Bar, kein Restaurant, kein Lebensmittelgeschäft empfängt uns, alles scheint verlassen. Nur die Kirche ist geöffnet. Wir treten ein und werden vom Pfarrer und einer Schar älterer Frauen begrüßt, die über die unerwartete Ankunft von Pilgern auf dem Weg nach Rom hocherfreut sind und munter durcheinanderquatschen.

Wir sollen erzählen, wie es uns bis jetzt ergangen ist und welche Motive und Ziele mit unserer Reise verbunden sind. Ich schiebe Tom vor. Er erzählt, und die Damen sind ergriffen. Für die Kirchengemeinde Stroppare sollen wir ein kurzes Gebet im Petersdom sprechen. Wir müssen ihnen die Erfüllung ihres Wunsches versprechen. Beschenkt mit Äpfeln und Bananen verlassen wir die Kirche, das Wetter hat aufgeklart.

Tom will es heute wirklich wissen. Die sechs Kilometer bis nach Anguillara Veneta schaffen wir in einer knappen Stunde, überqueren dann die Etsch, die wir in Trient verlassen und auf die wir hier auf ihrem Weg in die Adria wieder gestoßen sind. Es folgen ungezählte Kilometer geradeaus auf dem Etschdamm in westliche Richtung. Als wir vom Etschdamm aus San Martino di Venezze sehen, beginnt es wieder zu regnen. Schließlich hat Tom ein Einsehen. Wir betreten die Bar neben der Kirche, ziehen unsere Regenbekleidung aus und essen erst einmal. Es ist später Nachmittag, Rovigo nicht mehr weit. Und doch, der Weg in die Stadt hinein zieht sich, der Regen will nicht abflauen. Ohne Lamas kommen wir unbemerkt in die Stadt. Ich bin glücklich und irgendwie stolz, auf der Etappe mitgehalten zu haben. Aber ich bin nach 36 Kilometern auch stehend k.o. In der erstbesten Bar im Zentrum Rovigos machen wir halt. Das dort entstandene Selfie von Tom und mir zeigt zwei Middleager mit aufkommendem Vollbart, frischer Hautfarbe und sportlich schmal.

6. MÄRZ // ALBTRÄUME UND SONSTIGE KATASTROPHEN

Mitten in der Nacht ist Walter wieder zu uns gestoßen. Ich war kurz aufgewacht, konnte dann nur schwer Schlaf finden. Pausenlos habe ich daran denken müssen, wie Tom in die Nacht hineingerannt ist. Ich träume, dass auch ich loslaufen will. Irgendetwas bedroht und verfolgt mich, ich kann ihm nicht entfliehen. Ich renne im Traum los, werde aber immer langsamer. Nach kürzester Zeit kann ich mich überhaupt nicht mehr vom Fleck rühren. Kurz bevor das Unbekannte mich am Bein erwischt, wache ich mit Schrecken auf und sitze senkrecht im Bett. Es ist halb sieben, meine Gefährten schlafen noch. Im Frühstücksraum hole ich mir einen Riesenbecher Kaffee und setze mich rauchend auf die Veranda unseres Häuschens. Ringsherum Dunkelheit, der Nebel zieht in Schwaden vorbei. Sieben Jahre also noch – im schlechtesten Fall. Das war die Beurteilung meines Operateurs. Seitdem sind schon wieder zwei Jahre vergangen. Ich hatte neue Metastasen operativ entfernen lassen, dann wurde mehrfach bestrahlt. Der Krebs war immer wieder zurückgekehrt, aber das Karzinom konnte klein gehalten werden.

Wieder und wieder haben mich die behandelnden Ärzte beruhigt. »Wenn die Entwicklung so bleibt, können Sie sogar die Regelaltersgrenze erreichen.« Es gelte die Therapie so fortzusetzen, um Zeit zu gewinnen.

Der Tag kommt, es wird heller. Die Gespenster in meinem Kopf verschwinden, offensichtlich meiden sie Licht und Hoffnung.

Tom tritt aus der Tür, frisch geduscht und voller Tatendrang, bereit für den Tag. Walter ist noch damit beschäftigt, sich und seine Sachen neu zu ordnen. Er hat die Lamas nach Anprobe der neuen Fußballenprotektoren nach Santa Sofia in die Romagna gebracht, wo sie geimpft werden und dann drei Tage ausruhen sollen.

Wir werden ihnen in den nächsten Tagen entgegengehen, spätestens in Ravenna werden sie wieder zu uns stoßen. Als auch er fertig ist und in voller Regenausrüstung vor uns steht, laufen wir los.

Heute geht es nach Poleselle, einem kleinen Städtchen auf dem Weg nach Ferrara. 21 Kilometer, null Höhenmeter, ein Spaziergang. Wir haben es heute nicht eilig, trotzdem sind wir inzwischen so routiniert, dass wir auch ohne besondere Anstrengung ein flottes Tempo auf den Weg bringen können. Im Nieselregen ziehen wir durch das weiter flache Land; Äcker, verlassene Bauernhöfe, auf den Hofstellen und Feldern verrostete Ackergerätschaften, die wohl einfach nach dem letzten Gebrauch vor Jahrzehnten dort abgestellt wurden. Die Polesine verfügt über ein ausgeklügeltes Entwässerungssystem, das zuletzt nach der großen Überschwemmung in den 50er-Jahren des letzten Jahrhunderts perfektioniert wurde. Am 14. November 1951 war hier eine Katastrophe unvorstellbaren Ausmaßes eingetreten. Nach wochenlangen heftigen Niederschlägen gab der nördliche Damm des Po den drückenden Wassermassen nach und brach schließlich auf einer Länge von einem knappen Kilometer auf. Millionen Kubikmeter Wasser ergossen sich in der Folge über den flachen, unter der Höhe des Meeresspiegels liegenden Landstrich. Tausende Menschen ver-

loren ihr Hab und Gut. Die meisten waren finanziell nicht mehr in der Lage, sich ihre Existenzen neu aufzubauen, sondern zogen weg. Die wirtschaftlichen Auswirkungen auf die Region waren, in dem im Aufbau befindlichen Italien der unmittelbaren Nachkriegszeit, verheerend. Heute noch sind sie an den damals verlassenen Gehöften und den verrostenden landwirtschaftlichen Gerätschaften in der Landschaft sichtbar. Die massenhafte Entvölkerung des Landstriches hat andererseits dazu geführt, einer freien Entwicklung der Natur die Bahn zu ebnen, die aus der Region ein wahres Naturschauspiel gemacht hat.

Jetzt zunächst einmal 14 Kilometer schnurgeradeaus von Pontecchio Polesine bis auf den Podamm bei Guarda Veneta. Der Weg über die Fahrradpiste, die der Provinzstraße 5 folgt, ist an Eintönigkeit nicht zu übertreffen. Die Distanz auf dem platten Land ohne Horizont scheint endlos, nirgendwo ein Fixpunkt, an dem man den Fortschritt in der Wegstrecke hätte erkennen können. Von dem Naturschauspiel sehen wir noch nichts. Tom stimmt alpenländische Folklore an, er singt nach Kräften. Zunächst stimmt Walter ein, dann ich, wir vertreiben so die Geister des Pilgerblues. Am Damm des Po angekommen, erwartet uns der überwältigende Anblick des mächtigen Flusses bei Hochwasser. In den letzten Tagen und Wochen sind reich-

lich Niederschläge gefallen, auch heute wieder gießt es zeitweise wie aus Kübeln. Das Schauspiel verliert auch mit weiterer Wegstrecke den Damm entlang nach Westen nichts von seiner Faszination. Der Damm ist so groß, dass das Hochwasser noch nicht einmal sein Vorfeld erreicht hat. Hier stehen Pappelplantagen wie mit dem Lineal gezogen, akkurat 20 Bäume tief zum Fluss gestaffelt und schier endlos in der Länge, immer dem Damm folgend. Dahinter die Wassermassen des längsten und größten Flusses Italiens.

Wir folgen dem Po weiter in westlicher Richtung, in Borgo S. Maura soll es ein kleines Hotel geben. Kein Mensch ist auf dem Weg, das kleine Hotel geschlossen. Offensichtlich verirrt sich Anfang März niemand hierher. Als wir in Polesella Leute auf der Straße treffen und fragen, wo wir übernachten könnten, werden wir auf ein Motel an der Staatsstraße Nr. 16 verwiesen, fünf Kilometer in östlicher Richtung gelegen. Als wir dort ankommen, ist das Restaurant geschlossen. Die Betreiberfamilie erklärt sich jedoch bereit, Pizza zu besorgen, die wir dann gemeinsam mit ihr vor dem atemberaubend lauten Fernseher in der Lobby des Hotels verspeisen.

Heute hat es Walter erwischt, die Aufregungen der letzten Tage und der Marsch unter dem stetig fallenden Regen zeigen ihre Wirkung. Er fühlt sich richtig krank.

7. MÄRZ // AUFGEBEN IST NOCH NIE EINE OPTION GEWESEN

Walter geht es immer noch nicht wirklich besser, er will aber durchhalten, »beißen«, wie er das nennt. Er meint, wir hätten bereits durch die unerwarteten Probleme mit den Lamas erheblich Zeit verloren. Die leichte Etappe über 22,5 km Asphalt nach Ferrara werde schon machbar sein. Am heutigen Tag fehlen uns noch 622 km nach Rom.

Abmarsch ohne Frühstück, funf km zurück nach Polesella über die lärmende und abgasschwangere Staatsstraße 16. Dort über die Po-Brücke auf den rechten Damm, Wetter wie seit Tagen gehabt, morgens Nieselregen bei dichtem Bodennebel. Langsam erkennt man die Schönheit auch solcher Verhältnisse: die langsam dahinfließende Melancholie des Nebels, der dem Wasser des Po entsteigt, dann versucht, auf dem flachen Land Halt zu finden, aber scheinbar zu ewiger Wanderschaft verdammt ist, um auf einer Seite Konturen zu schaffen und auf der anderen Seite die Welt mit seinem Schleier zu verhüllen. Der Po stetig und mächtig, auch bei dem hohen Wasserstand nicht reißend – eher fast behäbig, aber massig dahinfließend.

Walter scheint in einer schweren Sinnkrise zu stecken, das körperliche Unwohlsein verstärkt offenbar seine Zweifel, die er heute zentnerschwer mit sich herumträgt. Die in seinen Augen vollkommen sinnfreie Impfung, der er seine Lieblinge unterziehen muss, die Befürchtung, seinen Tieren zu viel zugemutet zu haben, der stetige Regen, die feuchte Kälte, der eintönige Weg, noch über 600 Kilometer Wegstrecke nach Rom – all das treibt ihn um. In der Zwischenzeit hätte er zu Hause am Hof mit anpacken können, die Renovierung der Gaststube leiten, Personal für die Saison aussuchen, die Unterstände für die Lamas wieder in Schuss bringen oder einfach nur mit seiner Sabine gemütlich den Feierabend verbringen können.

Tom und ich mischen uns nicht ein, Walter ist es gewohnt, selbst mit seinen Zweifeln zurechtzukommen, für sich und andere zu entscheiden. Er hat schlechte Erfahrungen gemacht mit Menschen, angeblichen Freunden, die vermeintlich nur das Beste wollten. Als er seinen Tischlerbetrieb aufgegeben und verkauft hatte, weil er Pferde, noch dazu Araber, züchten wollte, ging es schon los. Alle rieten ihm davon ab; Handwerk habe goldenen Boden, eine Araberzucht dagegen, das sei eine Spielerei, allenfalls ein kostspieliges Hobby. Als er dann auch noch mit der Zucht von Lamas begann, erklärten ihn alle für verrückt. Die Landwirte der Gegend machten sich regelrecht lustig über ihn; ob die exotischen Tiere auch Milch gäben, war eine der herablassenden Fragen. Walter hatte sich entschieden und es durchgezogen, auf niemanden gehört und seinem Bauchgefühl und seinem Verstand getraut. Und nach 15 Jahren hatte er es geschafft, zusammen mit Sabine eine der größten Lama- und Alpakazuchten in Europa aufgebaut, einen Reitstall mit erfolgreicher Araberzucht etabliert; und einen Hofausschank, der weit und breit bekannt ist. Die ganze Zeit über hatte er seinen Wunsch nach dieser Pilgerreise zurückgestellt und war dann tatsächlich aufgebrochen. Ein solcher Typ kapituliert nicht so schnell vor irgendwelchen Schwierigkeiten. Er wird auch diese Unternehmung zu Ende bringen.

Die wärmenden Strahlen der Sonne fühlen sich wie ein kleines Wunder an – nach all den trüben, verregneten Tagen. Tom fängt an zu singen, »Wo der Wildbach rauscht«, ich singe im Bass mit, damit man nicht hört, wie wenige Noten ich tatsächlich treffe. Nach kurzer Zeit gibt auch Walter seine trüben Gedanken auf und fällt mit ein. Die Sonne hat allerdings noch einen Effekt: Langsam und zunächst unmerklich entsteigen der Feuchtigkeit Myriaden von Mücken. Erst tänzeln nur ein paar wenige im Sonnenlicht, dann werden es immer mehr, schließlich umgeben sie uns in Schwärmen. Sie kriechen unter unsere Regenbekleidung, in unseren Nacken und durch unsere Socken

FAX
ALIMENTARI

CAFFÈ
Coca-Cola
016
ASTORIA

Passing Certificate
PILGRIM'S CREDENTIAL
Thomas Mohr
Walter Mayr
Rome
COMUNE DI BASSANO DEL GRAPPA
VIA ROMEA

in die Schuhe – und sie stechen. Erst als wir den Damm hinabsteigen und in den nächsten Ort kommen, sind wir sie endlich los.

Francolino ist ein typisches Dörfchen der Polesine; der historische Kern ist weitgehend entvölkert. An der Straße ins Landesinnere wurden in den 60er-Jahren des vorigen Jahrhunderts Neubausiedlungen errichtet. Offenbar wollte nach der großen Überschwemmung niemand mehr in die alten, verwinkelten und unbequemen Häuser zurückkehren. Die Rückkehrer haben einfach neue Häuser gebaut. Aber auch diese sind nur spärlich bewohnt.

Nach der Katastrophe hat eine Welle der Landflucht die Gegend heimgesucht und die Bevölkerung in die industrialisierten, aufstrebenden Städte des Nordens getrieben – nach Turin, Mailand, Brescia und Verona. Allenthalben geschlossene Fensterläden und Schilder mit der Aufschrift »Vendesi« – zu verkaufen. Dazwischen, wie ein junger frischer Trieb im Totholz, die *Antica Tabaccheria dell'Argine,* ein buntes Zeitungs- und Tabakgeschäft mit einem Warensortiment wie ein kleiner Supermarkt.

Wir treten ein, der lebhafte Besitzer begrüßt uns freudig, beinahe theatralisch: »Ihr müsst Pilger sein, ich will raten, woher ihr kommt! Nein, nichts sagen, ich komme gleich drauf. Ihr kommt sicher aus dem südlichen Deutschland oder aus Österreich, denn ihr sprecht so einen komischen italienischen Dialekt.« Nun zeigt er auf Walter: »Du siehst aus wie Reinhold Messner, ihr müsst Südtiroler sein.« Tom lacht auf: »Und du bist Neopolitaner.«

Jetzt ist der Ladeninhaber kurz sprachlos. Wir nutzen die Pause und nehmen an einem kleinen Tisch in der Mitte des Raumes Platz – schon geht der Redefluss weiter, der Mann ist nicht zu bremsen: Wir hätten Glück und bei ihm genau den Platz gefunden, an dem es den besten Espresso weit und breit gebe. Außerdem bräuchten wir doch einen Stempel für unsere

Credenziali. Die Kirche sei derzeit geschlossen, wir könnten aber auch bei ihm einen Nachweis bekommen. Er habe so viele Credenziali so vieler Pilger gestempelt, dass der Stempel seiner Bar vom Pilgerbüro des Vatikans nicht nur anerkannt werde, sondern auch gern gesehen sei. Schließlich stehe ein Neapolitaner immer und überall unter dem Schutz von San Gennaro … Er redet und redet, erzählt, wie es ihn nach Francolino verschlagen hat – die Liebe natürlich –, wie er dieses Geschäft angemietet und schließlich dauerhaft Fuß gefasst hätte. Theatralisch stempelt er schließlich unsere Pilgerheftchen ab. Stolz prangt nun der Stempel der *Antica Tabaccheria dell'Argine* neben all den illustren Stempeln von Kirchen, Klöstern und anerkannten Pilgerunterkünften. Immer mehr Menschen strömen derweil in dem Geschäft zusammen. Als wir aufbrechen, verabschieden uns sicherlich 10 bis 15 Leute und wünschen uns weiterhin viel Spaß und Erfolg auf der Pilgerreise.

Am Po haben wir die Grenze zwischen den Regionen Veneto und der Emilia-Romagna überschritten, wir befinden uns hier in der Provinz Romagna. Nach all den Tagen und Wochen mit Schnee, Regen und Feuchtigkeit ist es ein unbeschreibliches Gefühl, als wir uns am Stadtrand von Ferrara in einem Park auf Bänke legen, uns die Sonne ins Gesicht scheinen und von ihr die Glieder wärmen lassen.

Ferrara betreten wir über die Porta degli Angeli. Da hat der Himmel sich schon wieder zugezogen. Auf dem Corso Ercole I d'Este, der schnurgerade auf das Castello Estense hinführt, fängt es zu nieseln an. Wenn wir Ravenna in drei Tagesetappen erreichen wollen, haben wir nun täglich etwa 40 Kilometer zurückzulegen. Mir graut davor.

8. MÄRZ // REIS UND MIMOSEN

Endlich schönes Wetter, seit 14 Tagen das erste Mal länger andauernder Sonnenschein und wolkenloser Himmel. Erstaunlich, wie das die Laune hebt.

Unser Weg führt schnurgerade durch Weidenalleen, parallel zum Po Morto di Primaro und später auf dem Damm zwischen dem Fluß Reno und dem Canale della Botte entlang.

Links und rechts weite Anbauflächen, aufgelockert durch ein dichtes Netz von Entwässerungskanälen. Hier wird vor allem Reis angebaut, der Anfang April ausgesät wird. Wenn die Saat aufgegangen ist, wird Wasser in die Felder eingeleitet, damit die Pflanzen wachsen können und vor den relativ großen Temperaturunterschieden zwischen Tag und Nacht geschützt sind. Bis in die 1950er-Jahre mussten die gefluteten Reisfelder noch per Hand von Unkraut freigehalten werden. Dafür wurden meistens junge Frauen aus der Umgebung, »Mondine« genannt, beschäftigt, die unter schrecklichen Arbeitsbedingungen gelitten haben. Bis zu zwölf Stunden pro Tag standen sie wochenlang in gebückter Haltung mit ihren nackten Füßen bis über die Knöchel im Wasser, den Mücken und anderem im Wasser lebenden Getier schutzlos ausgesetzt. Die Unterkünfte der Arbeiterinnen kann man hie und da an der Wegstrecke entdecken: große Holzbaracken für bis zu 50 Frauen, die auf Strohballen geschlafen haben. Noch heute sind die Gesänge der Mondine in der Gegend präsent – Lieder voller Melancholie und Zorn über die widrigen Arbeitsbedingungen. »Bitterer Reis« lautet der Titel eines Kinofilms aus dem Jahr 1949, der die sozialen Missstände anprangert. Später hat der Einsatz von Pestiziden alles verändert und den Einsatz der Mondine entbehrlich gemacht.

Es ist früher Nachmittag, als wir durch Traghetto laufen. Fast 30 Kilometer haben wir nun bereits in den Beinen und – schlimmer noch – etwa 17 Kilometer bis San Biagio vor uns. Zunächst geht es etwa 14 Kilometer schnurgeradeaus über den Damm des Reno. Der Fluss führt Hochwasser, das auch die umliegenden Felder überflutet hat. Aus dem Wasser steigt ein Heer von Quälgeistern auf: Schwärme von Mücken. Wie in Trance setze ich einen Fuß vor den anderen, laufe mit geschlossenem Mund, damit ich die Mücken nicht auch noch schlucken muss. Kein Mensch ist hier außer uns unterwegs.

In einem Anflug von Galgenhumor denke ich an meinen Münchner Internisten, der gerne von einer »Grundlagenausdauer« spricht. Walter, der schräg vor mir läuft, hat ebenfalls zu kämpfen, »beißt sich durch«, wie er es nennt.

Bereits seit einer Stunde haben wir am Horizont ein großes Gehöft vor Augen, auf das wir zulaufen. Aber wir scheinen ihm nicht näher zu kommen, auch wenn wir unablässig weitergehen.

Mir fällt plötzlich auf, dass ich in den letzten Tagen kaum mehr mit Monika, geschweige denn mit der Kanzlei telefoniert habe. Auch Walters Telefon ist verstummt, als ob wir einen neuen Raum betreten hätten, in dem vieles, was vorher wichtig

war, keine Rolle spielt. Der Kopf ist unmerklich frei geworden. Wir haben uns auf den Weg vor uns fokussiert. Auf das Miteinander untereinander und die Begegnungen mit vielen interessanten Menschen. Auf die Landschaft, den Wind, den Regen, die Wolken, die Tiere am Wegesrand. Und seien es die kleinen Plagegeister, die uns heute umschwirren.

So schnell bringt mich nichts mehr aus der Ruhe. Ich nehme die Tage, wie sie kommen, lasse mich überraschen, grüble nicht länger, ob ich überhaupt mithalten kann und ob wir am Abend ein Quartier finden. Meine Gelassenheit ist größer geworden. Und ja, ich werde es bis nach Rom schaffen!

Noch vor der Dämmerung erreichen wir schließlich San Biagio. Ich schleppe mich nur mehr mühsam weiter, die Grenzen meiner körperlichen Belastbarkeit sind für heute erreicht. Die Suche nach der Unterkunft hat mich den letzten Nerv gekostet. Angetrieben von einem Bärenhunger schauen wir jetzt nach einem Restaurant.

Heute feiert man in Italien den *giorno delle donne,* den Frauentag, der an die Befreiung der Frauen von sozialen und kulturellen Zwängen des 19. Jahrhunderts erinnern soll. Erstmals wurde das Fest am 8. März 1949 begangen und als dessen Zeichen die Mimose, die im Februar und im März blüht, auserkoren. In Italien hat sich der Brauch durchgesetzt, dass an diesem Tag die Männer ihren Frauen Mimosen schenken und sie selbst bekochen oder zum Essen ausführen. Der Blick in das wohl einzige Restaurant in San Biagio verrät, dass einheimische Männer anscheinend ungern selbst kochen. Der Laden ist von adrett herausgeputzten Damen jeden Alters bevölkert und mit einem Meer von Mimosen dekoriert, Walter verkürzt unsere Wartezeit auf einen Tisch, indem er den weiblichen Bedienungen Getränke spendiert. Vivano le donne, es leben die Frauen!

9. MÄRZ // DIE HERAUSFORDERUNG, DIE ICH SUCHTE

Die Nacht haben wir in einem herrschaftlichen Anwesen in San Biagio verbracht. Im Licht des neuen Tages fällt uns die ganze Pracht unserer Unterkunft auf: geschliffener und gewachster Cottoboden, Perserteppiche, Mobiliar aus Nussholz, Sofas und Sessel mit floral gemusterten Überzügen, an den Wänden alte und neue Meister der Umgegend, ein riesiger Kamin. Dazwischen die Dame des Hauses in buntem Kleid und Hauspantoffeln mit ihrem Hund, einem Golden Retriever. Sie staunt nicht schlecht über unser Ansinnen, heute noch Mandriole erreichen zu wollen, und rät uns nach dem Frühstück zu baldigem Aufbruch. 553 Kilometer trennen uns von Rom, die Distanz der heutigen Etappe können wir noch nicht abschätzen, es werden nicht unter 40 Kilometer werden, so viel ist sicher.

Wieder hinauf auf den Damm des Reno, die Sonne ist herrlich. Das erste Mal herrschen heute Temperaturen, die es uns erlauben, im T-Shirt zu laufen. Walter hat sich erholt, und auch mir geht es vergleichsweise gut. Die ersten fünf Kilometer auf dem Damm bis nach Madonna del Bosco fühlen sich jedenfalls an wie ein Sonntagsspaziergang. Dann aber falle ich langsam zurück, denn Walter und Tom geben nun ein Tempo vor, dass es mir schwer macht, Schritt zu halten. Wenn ich kurz stehen bleibe, um meine Schuhe zu binden, zu fotografieren oder eine kleine Verschnaufpause einzulegen, habe ich größte Mühe, die beiden wieder einzuholen. Meist laufe ich in einem Abstand von fünf bis zehn Metern hinter meinen Pilgerkameraden her.

Klar, auch sonst fühlt sich mein Leben oft an, als würde ich etwas hinterherjagen. Das Leben zieht wie ein Film an meinem inneren Auge vorbei: Ich habe in den letzten 25 Jahren eine Familie aufgebaut, war für meine Frau und für meine

Tochter Emma da: Und ich habe das Familienunternehmen, das meine Frau in Anteilen geerbt hat, über Jahre saniert und wieder zum Erfolg geführt. Meine Kanzlei habe ich in dieser Zeit fast wie nebenher geleitet. Es ist mir gelungen, einen netten Freundeskreis aufzubauen. Schon seit der Schulzeit habe ich einen guten Freund, mit dem ich eng in Verbindung stehe. Das Glück, eines Freundes Freund zu sein.

Mein Leben habe ich bislang nach einem von mir selbst vorgegebenen, strengen Konzept geführt. Dabei habe ich auf alles Rücksicht genommen, nur nicht auf meine Bedürfnisse. Meine eigene Gesundheit habe ich zu wenig ernst genommen. Ich habe mich nicht zu schonen versucht, nicht immer auf meinen Körper gehört. Schlagwörter wie Work-Life-Balance haben mir noch nie etwas gesagt. Immer war etwas vordringlicher, stets musste etwas liegen bleiben, wurden selbst gesteckte Ziele nicht erreicht.

Ich habe versucht, den beruflichen Anstrengungen und Herausforderungen mit einer mir angenehmen Art der Eigenmotivation zu begegnen. Während ein Teil meines Umfeldes das Augenmerk darauf richtet, möglichst viel Geld zu verdienen, sind andere wie magisch darauf fixiert, berühmt zu werden. Einige erfahren die Befriedigung aus der Komplexität ihrer Tätigkeit, wieder andere richten ihr Augenmerk darauf, die als unangenehm und langweilig empfundene Tätigkeit möglichst schnell über den Tag zu bringen oder zumindest zeitlich einzuschränken.

Ich habe mich immer damit motivieren können, meine Tätigkeit als interessantes Spiel zu betrachten. Mir war es nicht wichtig, mit der Anwaltstätigkeit in möglichst kurzer Zeit viel Geld zu verdienen. Ich habe schon immer Befriedigung darin gefunden, Probleme anzugehen, sachorientierte und vernünftige Lösungen anzubieten und Mandanten dazu zu bringen, diese mit meiner Hilfe umzusetzen.

Dann kam die Zäsur in Form der Diagnose. Auf einmal wurde klar: die mir zur Verfügung stehende Lebenszeit ist endlich.

Der imaginäre Zeitfaden ist vielleicht schon zu größten Teilen abgespult, mir bleibt nicht mehr viel.

Meine erste Reaktion auf dieses urplötzlich hereinbrechende Ereignis war ein »Jetzt erst recht!«. So habe ich neue Kanzleiräume in der Münchner Innenstadt bezogen, Visitenkarten bestellt, eine Homepage in Auftrag gegeben und meinen Arbeitsrhythmus gesteigert. Als ob man der Realität entkommen könnte, wenn man sie einfach ignoriert. Ich wollte weiter mitspielen! Keinesfalls vor meiner Tochter im Schulalter den zu Hause sitzenden Patienten geben. Einen, der sich aus der Welt zurückzieht, sich wehleidig seinem Schicksal ergibt. Andere Optionen sah ich – der vermeintliche Problemlöser – nicht. Als sich im vergangenen Herbst zeigte, dass mich dieses »Jetzt erst recht!« ungeheuer viel Kraft kostete, hatte ich – wie so oft in meinem Leben – wieder Glück im Spiel. Ein Fingerzeig hatte mir einen Ausweg gewiesen, eine weitere Option eröffnet. Tom hatte bei seinem Arbeitgeber ein Sabbatjahr für sich erreicht, ein ganzes Jahr zur persönlichen Verfügung! Und er hatte mich gefragt, ja gedrängt, an dieser ersten Unternehmung, der Pilgerreise, teilzunehmen. Sechs Wochen Auszeit sollten auch für mich möglich sein, entschied ich. Ich war wieder im Spiel, auch wenn die Wetten gegen mich schlecht standen. Unbedingt wollte ich diese neue Herausforderung annehmen und die Aufgabe bestehen, das Spiel gewinnen. Ungünstige Ausgangslagen oder schlechte Vorzeichen haben mich immer schon besonders motiviert. Und so kommt es, dass ich heute hinter den beiden Naturburschen herlaufe, die gerade ein mörderisches Tempo anschlagen.

Mittags haben wir erst ungefähr ein Viertel der für heute geplanten Wegstrecke hinter uns gebracht. Das bisherige Tempo weiter durchzuhalten ist unmöglich – zumindest für mich. Vor uns liegen die Valli di Comacchio, ein 13 000 Hektar großes, mit Salzwasser gefülltes System von Binnengewässern. Flamingos stehen im Wasser oder lassen sich treiben.

Das Drama, das nun folgt, habe ich gleich zu Beginn dieses Buches schon einmal erzählt: »Der Nachmittag ist schon fortgeschritten, die untergehende Sonne taucht die Umgebung in ein rötliches Licht und zeichnet lange Schattensilhouetten auf den Weg. Der Fluss Reno, dem wir mit der Abendsonne folgen, mündet östlich in die Adria. Wir müssen vorher nach Süden, Richtung Ravenna einschwenken, um einen der beiden möglichen Übernachtungsplätze zu erreichen, die Tom heute früh auf der Karte in den Blick genommen hat. Bis zur Mündung gibt es aber nur zwei Möglichkeiten, den Fluss zu überqueren: Eine kleine Fußgängerfähre soll etwa zwei Kilometer voraus liegen. Sie zu nutzen würde eine Übernachtung im nahen Sant'Alberto ermöglichen. Alternativ gibt es nur die ca. 15 Kilometer entfernte Brücke über die Staatsstraße 309, die uns nach Mandriole bringen würde.

Während wir weiterziehen, fällt mir unwillkürlich eine Szene aus Richard Wagners »Der fliegende Holländer« ein. Dort heißt es: »Nur eine Hoffnung soll dir bleiben …«. Die Hoffnung löst sich augenblicklich in Luft auf, als wir einige Zeit später vor der am Ufer festgetäuten Fähre stehen. Kein Mensch weit und breit, nur ein Schild mit dem Hinweis »fuori servizio« – außer Betrieb! Das darf doch nicht wahr sein!

Nach über acht Stunden Wanderung liegen jetzt noch einmal weitere 18 Kilometer bis zu unserem heutigen Etappenziel vor uns. 15 Kilometer bis zur Brücke und drei bis in den nächsten Ort. Mir wird ganz schwindelig, wenn ich daran denke.

Der Weg entlang des Dammes ist an Eintönigkeit nicht zu überbieten; eine unbarmherzige gerade Strecke, die scheinbar ins Nichts führt. Inzwischen ist es dunkel geworden. In den in der Ferne leuchtenden Lichtern meinen wir immer wieder die Brückenbeleuchtung zu erkennen. Ein Trugbild, wie sich herausstellt. Als die Brücke drei Stunden später tatsächlich ins Sichtfeld kommt, kann ich es schon nicht mehr glauben. Bereits seit zehn Kilometern beiße ich die Zähne zusammen. Ich bin derart geschlaucht, dass meine Begleiter schon die ganze Zeit über deutlich langsamer laufen müssen, damit ich überhaupt Anschluss halten kann. Meine Beine sind weich, die Gelenke schmerzen, mein Körper scheint jegliche Kraft verloren zu haben. Ich stehe vor dem sprichwörtlichen Aus!

Kurze Pause. Auf meinen Stock gestützt, versinke ich in Gedanken … Dann schleppe ich mich weiter.

Nach etwa zwei Kilometern winken uns aus einem Auto zwei Personen entgegen und fragen, wo wir denn abgeblieben seien. Die Unterkunft ist schon hergerichtet, wir sollen einfach einsteigen. Kurz darauf finden wir uns in den umgebauten Stallungen eines historischen Anwesens wieder.

Frierend und vollkommen erschöpft liege ich unter zwei Decken auf einem provisorisch aufgestellten Feldbett. Die vom Steinboden aufsteigende Kälte dringt von unten hoch. Unsere Gastgeber erkennen die Misere, fahren in ihre Wohnung nach Ravenna zurück und bringen uns weitere Decken. So retten sie mich heute zum zweiten Mal. Engel?

10. MÄRZ // AUF DER FLUCHT

Langsam wird mir klar, wo ich bin. Die Gelenke schmerzen, mühsam richte ich mich auf. Gestern war der bislang schlimmste Tag unserer Reise. Und es grenzt für mich an ein Wunder, dass ich am Ende doch noch bis hierher gekommen bin.

Das Anwesen, in dem wir gelandet sind, ist eine historische Gedenkstätte. Im Haupthaus neben unserem Nachtquartier ist ein Museum eingerichtet, das an die »Risorgimento«, die italienische Unabhängigkeitsbewegung des 19. Jahrhunderts, erinnern soll.

Auf der Flucht vor österreichischen Truppen fand der Freischärler Giuseppe Garibaldi hier im August 1849 zusammen mit seiner Frau Anita Unterschlupf. Anita, von brasilianischer Herkunft, hatte Garibaldi anlässlich der sogenannten Farrapen-Revolution, in der Aufständische der südlichen Provinzen Brasiliens sich gegen den brasilianischen Kaiser aufgelehnt hatten, kennengelernt. 1845 heirateten die beiden und konnten ein Jahr später mit ihren drei Kindern nach Italien zurückkehren, nachdem Papst Pius IX. die italienischen Freiheitskämpfer begnadigt hatte. Wenig später beteiligte sich Anita, inzwischen zum vierten Mal schwanger, an den Kämpfen gegen das französische Expeditionskorps unter General Oudinot, das zur Rückeroberung Roms entsandt worden war. Als Oudinot siegte und Rom einnahm, waren Anita und Giuseppe Garibaldi gezwungen, zunächst in die Toskana und dann weiter in Richtung Ravenna zu fliehen. So waren sie schließlich hier gelandet. *Die Heroine zweier Welten,* wie Anita auch genannt wurde, war schließlich, gezeichnet von der Malaria und den Anstrengungen eines Lebens auf der Flucht, am 4. August an diesem Ort ihrer Krankheit erlegen. Zu besichtigen sind ihr Sterbebett und

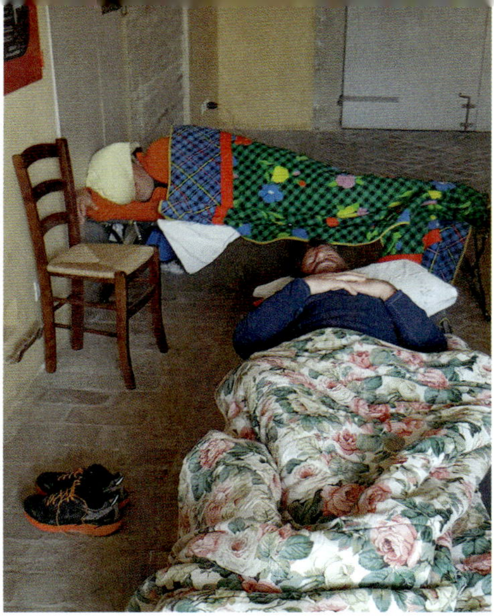

alle möglichen Utensilien, wie Fahnen, Uniformen, Waffen und Abzeichen italienischer Freiheitskämpfer.

Wir sind zwar nicht auf der Flucht, aber ich könnte – gezeichnet von der gestrigen Anstrengung – jetzt ebenfalls etwas Ruhe gebrauchen.

Walter freut sich darauf, heute seine Lieblinge wiederzusehen. Lisa, seine rechte Hand am Kaserhof, und ihr Vater werden sie um die Mittagszeit an die Küste nördlich von Ravenna bringen. Unsere zwei Engel vom Vortag, die uns von der Staatsstraße 309 aufgelesen und ins Quartier gebracht haben, sind auch schon vor Ort und wollen uns nach Ravenna führen.

Wir laufen kurz die Staatsstraße entlang und biegen dann östlich in einen Weg, der uns in die Pineta San Vitale, einen weitläufigen Pinienwald nördlich von Ravenna führt. Die Wanderung durch die uralten Pinien, Eichen und Farne, immer wieder durchbrochen von Brücken über Kanäle, an denen malerisch Fischerhäuschen auf Stelzen stehen, lockert meine von den Anstrengungen des Vortags verspannte Muskulatur. Als wir die Marina di Ravenna erreichen, werden unsere Lamas gerade aus dem Hänger geladen. Auch hier sind schon

wieder Schaulustige zusammengelaufen. Die Ruhe der letzten Tage ist jedenfalls dahin. Trotzdem freuen wir uns, unsere tierischen Reisebegleiter wieder bei uns zu haben; wenn auch nur für kurze Zeit.

Die Lama-Hengste sind bis jetzt noch nicht geimpft worden, Walter hatte versucht, die aus seiner Sicht unsinnige Maßnahme doch noch abzuwenden. Aber vergeblich. Heute Nachmittag werden uns die drei Tiere schon wieder in Richtung Santa Sofia verlassen, wo der Amtstierarzt auf sie wartet.

Walter hatte sich gestern entschieden, Shaqiri durch Luigi zu ersetzen. Wir haben also einen neuen Reisebegleiter, ein sportlich schlankes Tier, lockere ballenschonende Gangart, ein idealer Begleiter. Ich habe das Gefühl, dass mich Tiento, mein treues Lama, wiedererkennt. Ich streichle ihn am Halfter, worauf er seinen Kopf an meiner Brust reibt. Die Beobachter sind, wie immer, hingerissen. Dann laufen wir hinaus auf den Strand, wo wir drei Pilger und unsere drei Lama-Hengste

mit den Füßen im Wasser der Adria fotografiert werden sollen. Es ist später Vormittag, als unsere Lamas nach einer kurzen Runde durch Ravenna wieder auf den Hänger geladen werden. Wir sollen sie später in Santa Sofia wiedersehen.

Das Mausoleum der Galla Placidia ist unser nächstes Ziel, ein Tempelchen aus dem 5. Jahrhundert. Der Blick in das mit Mosaiken reich geschmückte Innere macht schnell klar, dass das tragende Motiv der bildlichen Darstellung die Erlösung ist. Oben auf der Lünette zeigt sich ein Hirte, reich ausgestaltet mit von Gold überzogenen Glasmosaiken. Ein Stilmittel der byzantinischen Kunst, das dem Betrachter den geistigen Sinngehalt der Darstellung, das Transzendente darin sichtbar machen soll. Die Botschaft lautet: Ich bin der gute Hirte, der gute Hirte gibt sein Leben hin für die Schafe. Das metaphorische Bild des Johannesevangeliums, in dem Christus seinen Opfertod am Kreuz zur Erlösung der Menschheit prophezeit (Johannes 10,11).

Wir nehmen Quartier in einem ehemaligen Kapuzinerkloster mitten im Zentrum Ravennas. Heute wird es von der Bruderschaft des hl. Damianus geführt, deren Oberster, Don Claudio, uns freundlich an der Pforte empfängt. Das Haus ist voll belegt mit Studenten aus verschiedener Herren Länder. Wir sind in der Bibliothek auf Feldbetten untergebracht.

Don Claudio, eine typische italienische Biografie der Emilia-Romagna, einstmals glühender Vertreter des sogenannten Eurokommunismus, hat sich im Laufe seines Wirkens irgendwann unmerklich, dann aber mit vollem Impetus der katholischen Lehre verschrieben und zum Priester weihen lassen. Unverändert blieb sein Ziel, sich für bessere Lebensumstände und den entsprechenden geistigen Überbau seiner Mitmenschen einzusetzen. Er begleitet uns zusammen mit seinem Freund, einem der gestrigen Engel, zum Abendessen in ein nahe dem Kloster gelegenes Restaurant und verwickelt uns in ein Gespräch über Materialismus, Idealismus und gelebte Transzendenz. Dabei erklärt er seinen Weg vom Kommunisten zum Kleriker, spricht von den richtigen Ansätzen des Sozialismus, gerechte Lebensumstände für alle Menschen schaffen zu wollen. Historisch seien sie aber allesamt grandios gescheitert; auch in der lokalen Partei war erfahrbar geworden, dass es letztlich den Menschen einfach nicht möglich ist, das sozialistische Ideal zu leben. Es endete doch wieder alles in Hierarchien, in Postengeschacher und Ungleichbehandlung. Die christliche Soziallehre sei besser dazu geeignet, den Menschen zu helfen, da sie akzeptiere, dass sie in ihren Fähigkeiten, Vorstellungen und Wünschen verschieden sind. Die Klammer sei im Evangelium Christi zu finden, im Auftrag zur selbstlosen Nächstenliebe. Als er dieses verstanden habe, sei ihm auf einmal alles so einfach und unkompliziert erschienen. Den Auftrag Christi anzunehmen, sei für ihn selbstverständlich – und aus sich heraus klar gewesen.

11. März // Noch 506 Kilometer bis nach Rom

Gut gelaunt und ausgeruht betreten wir die Küche des Klosters. Es ist Sonntagmorgen, der 20. Tag unserer Reise. Dann merken wir: die Studenten sind Selbstversorger, Frühstück ist nicht vorgesehen. Dennoch wird uns Tee angeboten. Mit der Tasse in der Hand sehen wir uns den Tisch mit den verschiedenen Produkten an, die im Kloster verkauft werden. Dabei fällt mein Blick auf franziskanische Kreuze in Form des griechischen Tau. Sie sind aus Olivenholz aus dem Heiligen Land gefertigt. Als Don Claudio das Interesse bemerkt, drückt er uns drei Kreuze als Geschenk in die Hand. Wir freuen uns sehr darüber, sie sollen künftig das Zeichen unserer Pilgerbruderschaft sein.

Die Klingel an der Pforte schellt, Rodolfo Valentini, der Präsident des Vereins der Via Romea Germanica, möchte uns die nächsten Tage auf dem Weg nach Forlì und seine Heimat den Apennin hinauf begleiten. Er hat noch zwei weitere Begleiter mitgebracht: Flavio Foietta aus Santa Sofia, den wir schon in Bozen bei unserer Abreise kennengelernt haben, und Gilberto aus Verghereto.

Der Himmel ist bewölkt, es nieselt leicht, als wir in voller Regenausstattung aufbrechen. 506 Kilometer sind es noch bis nach Rom, die heutige Tagesetappe fast 31 Kilometer.

Beim Frühstück in einer Bar machen wir uns wenig später mit unseren neuen Führern vertraut: Rodolfo Valentini, der sich unter akzentuiertem Hinweis auf den mit »i« endenden Nachnamen vorgestellt hat, ist wohl Mitte 70, rüstig und agil. Einer der Initiatoren der Wiederbelebung der Via Romea Germanica. Gilberto, wohl Mitte 60, ist pensionierter Beamter der Polizia Stradale, eloquent und witzig; Flavio, ein glühender Europäer und Vernetzer des deutschen, österreichischen und italienischen Vereins der Via Romea Germanica. Wir verstehen uns auf Anhieb gut.

Beim Gang durch die Stadt ist kein Mensch auf der Straße. Wir laufen in südlicher Richtung auf einem Damm weiter. Der Fluss Ronco führt aufgrund der erheblichen Niederschläge im Apennin Hochwasser. Rodolfo erklärt uns, dass wir wohl den Passo Serra über den Apennin nicht passieren können, es liegt dort oben derzeit meterhoch Schnee. Mit einem Abschmelzen in den nächsten Tagen ist aufgrund der immer noch niedrigen Temperaturen nicht zu rechnen.

Mir geht das Bild des guten Hirten in der Lünette des Mausoleums der Galla Placidia nicht aus dem Kopf: *Ich bin der gute Hirte, der gute Hirte gibt sein Leben hin für die Schafe!* Gott hat seinen Sohn, Jesus Christus, am Kreuz geopfert, um die Menschen zu retten und sie wieder auf den richtigen Weg zu führen. So sehr und so selbstlos liebt er die Menschen, dass er zu diesem Opfer bereit war. Was für ein starkes Bild! Verblüffend in der Einfachheit der Botschaft, leicht verständlich und doch voller Nuancen. Mögliche Grundlage, Maßstab und Leitlinie für menschliches Handeln. Ausgangspunkt und Ziel der christlichen Ethik, alles in einem einzigen Bild zusammengefasst.

Auch Don Claudio orientiert sich an dem Bild des Hirten, der seine Herde behüten, für sie sorgen will. Grundlage seines Handelns ist der Auftrag zur Nächstenliebe, die unbedingt ist und keine programmatischen Einschränkungen verträgt. Kein Manifest zur Konstituierung einer ethischen Pflicht ist nötig, kein Plan für die Durchführung, der simple Handlungsauftrag beinhaltet alles. Und im Ergebnis: Christus' Leben und Wirken nachzueifern ist einfach – jeder kann es tun, auch ohne von tiefem Glauben beseelt zu sein oder gar die eigene Frömmigkeit wie eine Monstranz vor sich hertragen zu müssen.

Vor uns sind die ersten Ausläufer des Apennin zu sehen. Mich überkommt eine Mischung aus Freude, nun bald die Ebene, in der wir schon so lange unterwegs sind, zu verlassen – und einer Vorahnung der Höhenmeter, die es demnächst zu überwinden gilt. Nach wie vor sind wir auf dem Damm unterwegs. Rechts der Reno, links verfallende Häuser inmitten weitflächiger Landwirtschaft, durchbrochen von Pinienwäldern. Weiterhin nieselt es, hie und da laufen wir durch Nebelbänke.

Bis auf Rodolfo verabschieden sich nun unsere Begleiter, die lediglich ein Stück des Weges mit uns gehen wollten, um uns kennenzulernen.

Rodolfo führt uns nach Ronco, einem Stadtteil von Forlì. Die katholische Gemeinde unterhält dort eine kleine Pilgerwohnung, in der wir übernachten wollen. Ein junger, quirliger Mesner heißt uns willkommen.

12. MÄRZ // VON EMPATHIE UND AUFMERKSAMKEIT

Die Regenfälle sind über Nacht abgeflaut, wir verlassen das im morgendlichen Berufsverkehr tosende Forli. Verbleibende Distanz nach Rom 454 Kilometer. Die heutige Tagesetappe wird uns knapp 30 Kilometer zuerst weiter entlang des Flusses Ronco bis nach Meldola und dann durch das grüne Tal des Bidente in die Vorläufer des Apennin führen. Mit einem Blick zurück verabschieden wir uns von den Weiten der Po-Ebene, nachdem wir den ersten Hügel erklommen haben.

Die Erosion hat bizarre Einschnitte in die Landschaft gezaubert. Darüber ein sich in Sonne und Wolken abwechselnder Himmel. Sämtliche Zuflüsse des Ronco und des Bidente führen derart viel Wasser, dass es den Eindruck macht, sie würden augenblicklich beim nächsten Regentropfen überlaufen. Je weiter wir in das Tal des Bidente hinaufsteigen, desto mehr haben wir mit den Wassermassen zu kämpfen: Die Wege sind großteils überschwemmt, und wir waten stellenweise bis zu den Knöcheln im Wasser. Noch unangenehmer ist eine klebrige und schwere Lehmschicht, die sich an die Schuhsohlen heftet und gefühlt Zentner wiegt. Jeder Schritt ist mühsam. Und schon nach kurzer Zeit sind unsere Schuhe und Socken völlig durchnässt und schlammig.

Walters Telefon läutet, er hebt ab, hört kurz wortlos zu und drückt mir breit grinsend das Telefon in die Hand. Die Anruferin ist aufgelöst, es ist Gineta, bei der die Lamas in Santa Sofia für die Zeit der Impfung beherbergt sind. Sie sei heute Morgen in das Gehege der Lamas gekommen und habe bemerkt, dass Tiento laut jault. Irgendwas stimme nicht, vielleicht habe er die Impfung nicht vertragen. Sie hält das Telefon an das Maul des Tieres, so dass ich es hören kann. Lachend kann ich sie

beruhigen, dass Tiento nur mit ihr kommunizieren will. Offensichtlich geht es ihm so gut, dass er ihr das mitteilen möchte. Nun muss auch Gineta herzlich lachen.

Ein kleiner, streunender Hund folgt uns seit geraumer Zeit, wohl eine Mischung aus einem Schäferhund und einem Dackel. Sein Bauch und seine Brust sind nass und schlammig, seine Beine so kurz, dass er Mühe hat, uns auf den überfluteten Wegen zu folgen. Er sucht offensichtlich Aufmerksamkeit und Geborgenheit. Da wir ihn streicheln, mit ihm sprechen, uns um ihn kümmern und ihm etwas zu essen geben, läuft er mit uns bis nach Cusercoli. Wir sind heute im *L'ospitale dei romei*, einer in der örtlichen Burg ausgebauten Pilgerunterkunft untergebracht.

Als wir abends dort ankommen, erzählt uns der Wirt, dass wir die Unterkunft mit zwei Engländerinnen zu teilen hätten, die mit ungeheurem Gepäck unterwegs seien. Die jüngere von beiden schiene, so deutet er es mit großen Gesten an, von ihrem Rucksack und dessen Gewicht beinahe erschlagen zu werden. Engländer seien eben ein kauziges Volk.

Neugierig steigen wir den Burghügel hinauf und treffen die beiden Frauen rauchend vor dem Eingang der Unterkunft an. Beide haben ihre Schuhe ausgezogen. Ihre nackten Füße, die in Badeschlappen stecken, sehen mitleiderregend aus: Druckstellen und Blasen allenthalben. Neben sich haben sie ihre monströsen Rucksäcke abgestellt, wir schätzen, dass jeder bestimmt 17 bis 18 Kilo wiegt.

Tom bietet ihnen zur Begrüßung Schnaps aus seinem Flachmann an. Beide sehen aus, als könnten sie einen kräftigen Schluck gebrauchen, den sie auch gerne annehmen. Die Engländerinnen stellen sich als Belgierinnen heraus, die jüngere hat marokkanische Wurzeln. Beim Abendessen, für das sie Zutaten im Dorf gekauft und gemeinsam gekocht haben, erfahren wir die ganze Geschichte: Beide sind von Brüssel nach Mestre geflogen und auf dem Weg ins apulische Santa Maria di Leuca, eine Wegstrecke von etwa 1500 Kilometer. Die Ältere von beiden, Sandrin, erklärt den Hintergrund. Sie sei Sozialarbeiterin, Saida, die Jüngere, ihr Schützling. Saida sei auf die schiefe Bahn geraten, das Übliche – Drogen und Klein-

kriminalität –, aber doch so gravierend, dass Jugendarrest verhängt worden sei. Um eine vorzeitige Resozialisierung zu erreichen, habe sich Saida zur Teilnahme an einer außergewöhnlichen Maßnahme bereit erklärt: Sie soll die Wegstrecke von Mestre nach Santa Maria di Leuca bewältigen und täglich mit zehn Euro für Verpflegung und Unterkunft auskommen. Falls sie es schafft, würde dies als Zeichen des Durchhaltewillens und ihrer Ernsthaftigkeit gewertet, ihr Leben wieder selbst in die Hände nehmen zu wollen. Die Vorzeichen stünden jedoch schlecht – das Wetter sei, wie wir sicher auch mitbekommen hätten, nicht danach gewesen, die Nächte im Zelt zu verbringen. Um mit dem Geld auszukommen und die Vorgaben zu erfüllen, sind sie dennoch dazu gezwungen gewesen im Zelt zu übernachten und haben unsäglich gefroren. Saida hat zu viel Gepäck dabei und war bislang nicht bereit, sich von unnötigem Ballast zu trennen. Blasen, Überanstrengung, Heimweh und die Trennung von der Mutter täten ihr Übriges, ihren Durchhaltewillen zu untergraben.

Wir bewundern Sandrin, eine starke und ausgeglichene Persönlichkeit, deren Herzlichkeit im Umgang mit ihrem Schützling weit über die berufliche Routine hinausgeht. Und ich bin erstaunt darüber, wie schnell die väterlichen Herzen von Walter und Tom von der Geschichte des jungen Mädchens berührt worden sind, mit welcher Natürlichkeit und Selbstverständlichkeit sie mit der Situation umgehen. Walter erzählt von den Lamas, die bald eintreffen werden, und bietet an, ein paar Tage zusammen zu laufen. Tom taucht mit Saida tief in deren Geschichte ein und versucht, ihr Mut zu machen. Ich versuche, für uns etwas Ordentliches zu kochen, damit die junge Frau wieder zu Kräften kommt.

Ein leises Jaulen entreißt mich dem Geschehen, der Hund, der uns bis hierherbegleitet hat, macht auf sich aufmerksam. Ich gehe vor die Tür, gebe ihm etwas zu essen. Dankbar frisst er die Reste unseres Mahls. Als er damit fertig ist, läuft er in

Richtung Ausgang, bleibt kurz stehen, dreht sich zu mir um, sieht mich an, wedelt kurz und verschwindet so plötzlich, wie er am Morgen aufgetaucht ist. Auch er scheint irgendwie verloren zu sein. Einen Tag die Aufmerksamkeit bekommen zu haben, nach der er sich mit allen Fasern seines Körpers sehnte, scheint ihm Zuversicht geschenkt zu haben.

Zärtlichkeit ist keine Schwäche, sondern eine Stärke. Zärtlichkeit bedeutet, unsere Augen zu benutzen, um den anderen zu sehen, unsere Ohren zu benutzen, um die Schreie der Kinder zu hören, der Armen und derer, die Angst vor der Zukunft haben … sagt Papst Franziskus.

13. MÄRZ // DER WEG DER BEGEGNUNGEN

Die Mädels sind schon in der Küche und bereiten das Frühstück vor. Als wir drei schließlich erscheinen, steht der Kaffee bereit. Walter wiederholt sein Angebot von gestern, gemeinsam ein Stück des Weges zu laufen. Wir könnten beim Tragen des Gepäcks helfen.

Die Mädels lachen herzlich und finden, dass dies eine motivierende Idee ist, besonders nachdem Walter eröffnet, dass wir heute Abend in Santa Sofia wieder auf unsere Lamas treffen werden. 20 Kilometer sind es bis dorthin, die 700 Höhenmeter, die es zu überwinden gilt, erwähnen Walter und auch Sandrin geflissentlich nicht.

Wir packen zusammen und steigen den Burgberg hinab. Das Wetter ist sonnig, eine überschaubare Tagesetappe liegt vor uns, wir haben nette Begleitung – kurzum Pilgerglück. Langsam entrosten wir im Gespräch mit den beiden auch unsere Englischkenntnisse.

Rodolfo wartet am Ende des Dorfes bereits auf uns, um uns seinen Heimatort Galeata zu zeigen und uns dann nach Santa Sofia zu führen. Beim ersten Anstieg nach Civitella di Romagna die gleichen Bilder wie gestern: tiefgrüne Wiesen auf steiler werdender Hügellandschaft, zäher Schlamm auf den Wegen. Nach etwa fünf Kilometern zeigt sich, dass es Saida mit dem »Monster«, wie ich ihren Rucksack nenne, äußerst schwerfällt, Anschluss zu halten. Kurz vor Civitella ist dann erst einmal Schluss. Saidas Knie schmerzen heftig, Sandrins aufmunternde Worte erreichen sie nicht. Sie hat ihren Rucksack abgeworfen, sitzt auf einer Steinmauer am Straßenrand und umklammert mit verbissener Miene ihr rechtes Kniegelenk mit den Händen. Tom bietet ihr an, den Rucksack zu tragen.

Sandrin sagt freundlich, aber bestimmt, wir sollen einfach weitergehen, sie würde mit Saida eine Pause machen und uns dann heute Abend in Santa Sofia treffen.

So setzen wir unseren Weg allein fort. In Galatea erblicken wir am Marktplatz das erste Mal einen Wegweiser nach Rom.

Walter ist im Gegensatz zu Saida heute besonders motiviert, er kann es förmlich nicht erwarten, seine Tiere wiederzusehen. In beherztem Tempo ziehen wir weiter. Dann endlich, ein wunderbarer Anblick vom Hügel herab ins Tal – vor uns liegt Santa Sofia in der Abendsonne; das kleine Florenz, wie es liebevoll genannt wird, Sitz des Vereins der Via Romea Germanica. Es waren Menschen von hier, die sich in ihrem Bemühen, den Tourismus in der Region anzukurbeln, wieder an den alten Weg erinnerten, der durch ihre Heimatprovinz führte. Jener Pilgerweg, der seit dem frühen Mittelalter begangen wurde, das Heilige Römische Reich Deutscher Nation von Norden nach Süden verband, dann aber vollkommen in Vergessenheit geriet. Neben der Via Francigena, dem Pilgerweg der Franken, der von Canterbury über Reims, den großen St. Bernhard, Piacenza und den westlichen Apennin bis nach

Rom führt, hatten sie einen zweiten Pilgerweg nach Rom wiederentdeckt: den Weg der »Tedeschi«, der deutschen Pilger, nachweisbar anhand eines Manuskriptes des Abtes Albert von Stade. Dieser hatte den Weg 1236 begangen, von seiner Heimatstadt an der Elbe über Braunschweig, den Harz, Würzburg, Augsburg, Innsbruck, Bozen, Trient, Padua, Ravenna, Santa Sofia (La Verna), Arezzo, Orvieto, Montefiascone, wo er sich mit der Via Francigena vereinigt, bis nach Rom.

Die Entdeckung, dass es hier einen verborgenen Schatz zu heben galt, begeisterte einige glühende Europäer, die den Pilgerweg dem Ziel der Völkerverständigung und der Förderung des Friedens widmeten, ihn zum »Weg der Begegnungen« machten. Was dies ausmacht, erleben wir wenig später.

Mit großem Engagement haben unsere Gastgeber alles vorbereitet und sich auch um das Wohlergehen unserer Lamas gekümmert. Walter ist zum ersten Mal auf unserer Reise sprachlos. Saubere, gepflegte Unterstände, frisches Heu und Wasser, die Umzäunungen gegen ungebetene nächtliche Gäste verstärkt. Die drei Lamas, auf die wir uns riesig gefreut haben, warten frisch gestriegelt auf uns. Und unsere Unterkunft im Hause Ginetas, unserer Gastgeberin, lässt ebenfalls keinen Wunsch offen. Die Töchter des Hauses sind kurzerhand aus ihren Zimmern ausquartiert worden, um uns Platz zu machen.

Kurz darauf sitzen wir mit unseren Gastgebern und zahlreichen Vertretern des Vereins der Via Romea Germanica am liebevoll gedeckten Esstisch. Die Gastfreundschaft ist auch hier umwerfend. Unaufdringlich und mit sichtbarer Freude wird reichlich aufgetischt. Vergnügt und mit echtem Appetit kommen wir der Aufforderung nach, die regionalen Spezialitäten zu kosten. Gineta fährt mit bemerkenswerter Ruhe und Leichtigkeit Gang für Gang auf. Aus den Fragen der Anwesenden wird deutlich, dass sie nicht nur an unserem Reisebericht interessiert sind, sondern dass sie uns tatsächlich persönlich kennenlernen wollen. Ihre Art, den Begriff *Weg der Begegnungen* mit Leben zu erfüllen, vermittelt uns ein wohliges Gefühl der Unterstützung und Freundschaft.

14. MÄRZ // VERIRRT

Tiento schaut mich schief an. Er scheint zu spüren, dass die Tage der Rast und Erholung jetzt gleich ein jähes Ende finden. Wir laufen zur Piazza Matteotti, auf der sich unsere Gastgeber, eine Vielzahl der Vereinsmitglieder der Via Romea Germanica, die junge Leiterin des Amtes für Tourismus, die heute für den Stempel auf unsere Credenziale zuständig ist, und auch Saida und Sandrin eingefunden haben.

Walter weist die strahlende Saida kurz in die Führung der Lamas ein und drückt ihr das Zaumzeug Tientos in die Hand. Stolz dreht sie mit ihrem neuen Begleiter eine Runde über den Platz. Bevor wir uns auf den Weg machen können, sollen wir die Schule besuchen und werden dann noch gebeten, auch ins örtliche Behindertenheim zu kommen. Die meisten Bewohner sind aus dem Haus getreten und staunen über den Anblick, der sich ihnen bietet. Die Lamas erobern auch hier die Herzen im Sturm, und Tom entschließt sich kurzerhand, mit Buffon ins Gebäude zu gehen, um auch denjenigen, die nicht vor die Tür kommen können, eine Freude zu machen. Viele der Heimbewohner sind an den Rollstuhl gefesselt. Die Freude in den Gesichtern ist nicht zu beschreiben! Abschließend folgt noch ein Fernsehinterview für die Abendnachrichten der RAI, zwischenzeitlich ist so etwas für uns Routine. Als wir uns endlich losreißen können, haben wir knapp 1000 Höhenmeter auf einer Strecke von etwas mehr als 24 Kilometer vor uns, keine einfache Aufgabe.

Arme Saida, schießt es mir durch den Kopf, als sie unter der Last ihres Rucksackes schwankend mit Tiento vorausläuft. Auf dem Weg aus der Stadt nutze ich die Gelegenheit, mit ihr zu plaudern. Von Tiento und den Erlebnissen, die wir beide auf der Reise bislang hatten, zu erzählen, ist ein guter Einstieg. Saida freut sich und lacht, das Monster auf ihrem Rücken scheint sie für einen Moment zu vergessen. Als die Sprache auf sie kommt, erzählt sie von ihrem Lieblingshobby, dem Fußballspielen. Sie kickt in einer Jungenmannschaft, nicht mit Mädchen, denn diese seien ihr viel zu wehleidig. Die Jungs würden sie akzeptieren, sie sei passabel schnell und ballsicher, könne sich spielerisch sehr gut integrieren.

Einer der Jungs sei mit ihr befreundet gewesen, er habe aber die Angewohnheit, nur Mist zu bauen. Alles, was er anfängt, geht irgendwie schlecht aus. Auch sie sei von ihm immer wieder in irgendwelche blöden Situationen hineingezogen worden. Sie wollte sich beweisen, nicht wehleidig oder feige sein. Das habe ihr nicht gut getan, sie hat Probleme mit der Polizei bekommen. Als ich Konkreteres wissen will, wird sie einsilbig. Ich dränge nicht weiter.

Sandrin hält sich im Hintergrund, ich habe das Gefühl, dass es ihr guttut, in Gesellschaft zu laufen und nicht alleine für die Motivation ihres Schützlings sorgen zu müssen.

Beim ersten steilen Anstieg merke ich, wie Walter Probleme bekommt. Er läuft mit schmerzverzerrtem Gesicht. An der nächsten Raststation erkundige ich mich bei ihm. Er hat mit Blasen am rechten Fuß zu kämpfen. Nachdem seine Bergschuhe, die er tagtäglich bei der Arbeit trug, gut eingelaufen, aber deren Sohlen bereits ziemlich mitgenommen waren, hatte er sie vor der Abreise neu besohlen lassen. Das hatte leider die Passform und den Tragekomfort nachteilig verändert. In der Po-Ebene lief er sich eine Blase, die er aufgestochen und getaped hatte. Dann verschlimmerte sich die Situation von Tag zu Tag. Schließlich waren alle Zehen betroffen.

Saida erzählt von Gelenkproblemen – und siehe da, sofort erklären sich einige Umstehende bereit, ihren eigenen, deutlich leichteren Rucksack gegen »das Monster« zu tauschen. Mit schlauem Blick wählt die junge Frau sofort den leichtesten

Rucksack aus und legt ihn an. Und dessen Besitzer hebt sich mit ungläubiger Miene das Monster auf den Rücken.

Auch ohne Blasen an den Füßen ist der Aufstieg mörderisch. Auf einer dicken Lehmschicht, die die Abhänge bedeckt, wächst nur spärlich Gras. Der Lehm heftet sich an die Sohlen, bei jedem Schritt bleibt mehr davon hängen, bis die Schicht derart schwer wird, dass sie sich von selbst wieder löst. Dieser Vorgang wiederholt sich wieder und wieder.

Walter ringt mit Schmerzen und seiner Fassung. Er will sich aber keine Blöße geben und marschiert wortlos weiter. Mir steht der Schweiß im Gesicht, ich kämpfe mit dem lehmigen Untergrund und dem nicht enden wollenden Anstieg. Ein Blick zurück bringt mir ein mitleidiges Lächeln von Sandrin ein, die mit ihrem schweren Rucksack und dem Lehm an ihren Schuhen offensichtlich kaum Probleme hat.

Saida steht schon ganz oben am Hang. Mit Tiento führt sie fröhlich die Karawane an und scheint ohne das Rucksack-Monster, gedanklich weit weg von ihren Problemen in Brüssel, förmlich zu schweben. Wird sie es schaffen, die Wegstrecke durch halb Italien zu bestehen? Und wird es ihr helfen, ihr Leben zu verändern, den richtigen Weg zu finden?

Oben angekommen bietet sich uns ein fantastischer Blick über die Bergkette des Apennin. Selbst Walter quält sich ein Lächeln ab, obwohl er ahnt, dass der 13 Kilometer lange Abstieg mit Blasen an den Füßen für ihn die eigentliche Herausforderung des Tages sein wird. Hochwasserführende Gebirgsbäche tun ein Übriges. Keiner kommt trockenen Fußes zu Tal, und wir sind froh, als wir endlich das Thermenstädtchen Bagno di Romagna erreichen.

Zwischenzeitlich ist der Mond aufgegangen, die Temperatur ist merklich gefallen. Wir lassen den Ort hinter uns und laufen langsam auf unser Nachtquartier zu, eine historische

Textilfärberei aus dem 16. Jahrhundert. Die Pilgerherberge liegt an der engen Talöffnung des Flusses Gualchiere, dem eigentlichen Einstieg in den alten Saumpfad zum Passo Serra hinauf, der uns zu den Franziskanern nach La Verna führen soll. Aber diese Etappe des Pilgerweges werden wir morgen leider auslassen müssen. Die Schneefälle der letzten Wochen und der damit einhergehende Holzbruch haben den Weg unpassierbar gemacht. Wir haben entschieden, die Etappe zunächst zu umfahren und zu einem späteren Zeitpunkt zurückzukommen. Denn wir werden auch diesen Teil des Weges auf jeden Fall gehen. Tom ist in solchen Fragen unerbittlich.

Der Innenhof der Herberge ist bereits in ein Nachtquartier für die Lamas verwandelt worden, frisches Heu und Wasser stehen bereit. Sandrin und Saida sowie Walter, Tom und ich bekommen jeweils ein großes Dreibettzimmer zugewiesen, heizbar durch einen gusseisernen Holzofen. Die Zimmer sind klamm, dafür funktioniert die Dusche mit heißem Wasser. Tom hat den Ofen ordentlich eingeheizt, wir wollen unsere Bergschuhe zum Trocknen aufhängen und die Feuchtigkeit aus den Bettdecken treiben. Mächtiger Appetit zieht mich in die Gaststube, in der Saida, Sandrin und Tom schon sitzen und sich über die Antipasti hermachen. Walter kommt eine gute halbe Stunde später nach, er musste seinen rechten Fuß verarzten. Nach zwei Gläsern Rotwein ist er wieder fast der Alte.

15. MÄRZ // VOM SCHEITERN

Tom hat vergessen, nachts seine Schuhe vom Kachelofen zu nehmen. Ein grober Fehler. Als er sie am Morgen anziehen will, muss er feststellen, dass sie vollkommen verzogen und unbrauchbar geworden sind. Die Hitze hat die Kunststoffsohle schrumpfen lassen, die Schuhe wollen einfach nicht mehr passen. Frustriert packt er sie ein und die Ersatzschuhe aus.

Als ich mit ihm wenig später aus der Unterkunft trete, unterhält sich Walter mit einer blonden, hochgewachsenen Mittvierzigerin, die sich als Daniela vorstellt und eine Kundin von ihm ist. Sie wird Sandrin, Saida, Walter und mich mit ihrem VW Bus nach La Verna fahren, von wo aus wir unseren Weg nach Rom fortsetzen wollen. Tom fährt mit den Tieren in einem dafür geeigneten Transporter mit, den wir organisiert haben.

Auf der Fahrt trübt sich die Laune Saidas sichtlich ein, sie redet kaum. Schließlich möchte sie noch nicht einmal mehr direkt an sie gestellte Fragen beantworten. Der Nebel hat sich wie ein Vorhang über die Landschaft gehängt, Daniela hat Schwierigkeiten, den Weg zu erkennen.

Nach einiger Zeit gelangen wir zu einem einsamen Parkplatz mitten im Wald. Hier wartet der Tiertransporter auf uns. Walter beginnt gleich damit, die Lamas abzuladen. Direkt vor uns ragt die Klosteranlage La Verna aus dem Nebel, die Heimstätte der Franziskaner.

Saida hebt ihren Rucksack aus dem Bus und lässt ihn einfach auf den Boden fallen. Augenscheinlich hat sie überhaupt keine Lust mehr, den Weg fortzusetzen. Als Sandrin mit ruhigen Worten auf sie einredet, zeigt sie deutlich ihren Missmut.

Daniela, die uns hierhergebracht hat, betreibt in der Nähe,

auf dem landwirtschaftlichen Gut eines Freundes, eine Unterkunft für in Not geratene Kinder. Sie bietet an, dass sich Sandrin und Saida dort ein paar Tage ausruhen können, um dann ihren Weg fortzusetzen. Saida hat jedoch keine Lust auf weitere in Not geratene Kinder. Erst als Daniela anbietet, dass beide auch in ihrer Privatwohnung unterkommen könnten, erhellt sich ihre Miene.

Tom versucht, Saida doch noch zu überzeugen, weiter mit uns zu laufen. Sandrin ist ihm dafür dankbar; aber sie kennt ihren Schützling und weiß, dass alle Mühe vergeblich ist. Der innere Schweinehund hat sich anscheinend mit dem Rucksack-Monster auf Saidas Rücken verbündet. Sie hat offensichtlich kapituliert, nicht die innere Kraft, die ihr gestellte Aufgabe zu lösen. Und wir konnten ihr leider nicht helfen, so gern wir es gewollt haben.

Als wir aufbrechen, halte ich einen von Sandrin aus einem Stück Papier gebastelten Umschlag in der Hand. Als ich ihn unbeholfen öffne, ist er bereits vom einsetzenden Regen aufgeweicht. Es stecken ein kleiner Rosmarinzweig und ein Zettelchen drin: »Für Thomas in Dankbarkeit. Verbunden mit der Hoffnung, dass Du mit Tapferkeit und Mut allzeit den richtigen Weg findest. Die römischen Legionäre haben sich als Zeichen der Tapferkeit Rosmarinzweige in ihre Stiefel gesteckt. Sandrin«

Ich nehme den kleinen Zweig und stecke ihn mir in den Schaft meines rechten Bergschuhs. O mein Gott, der rechte Weg!

Auf dem Monte Alvena hat der hl. Franziskus einst die Kapelle Santa Maria degli Angeli und einige einfache Hütten errichtet. Heute befindet sich dort eine weitläufige Klosteranlage, von der wir im immer dichter werdenden Nebel leider wenig sehen. Aber man hat direkt das Gefühl, an einem Kraftort zu sein. Wir ziehen langsam am Eingangsportal des Klosters vorbei.

La Verna liegt auf etwa 1130 Metern. Bei anhaltendem Regen steigen wir über die Hänge des Monte Penna durch einen lichten Laubwald in das Dörfchen Chiusi della Verna ab. Kein Mensch ist auf der Straße. Der weitere Abstieg führt uns nach Vezzano, einem kleinen, mittelalterlich anmutenden und aus Steinhäusern bestehenden Weiler. In dem kleinen Kirchlein Santa Maria di Vezzano soll einer an den Kirchenmauern angebrachten Inschrift zufolge Michelangelo Buonarroti Simone im Jahre 1475 getauft worden sein.

Der Dauerregen hat auch hier die Bäche so stark anschwellen lassen, dass wir uns zunehmend schwertun, sie trockenen Fußes zu überwinden. Am Nachmittag passieren wir von prasselndem Regen begleitet Chitignano und erreichen dann Poggio d'Acona. Von hier aus sind es noch knapp sieben Kilometer bis zu einem Bauernhaus, in dem Daniela mit ihren schutzbefohlenen Pflegekindern und ihren beiden Töchtern lebt. Auch wir wollen heute dort übernachten. Als wir am Castello di Valenzano vorbeiziehen, regnet es weiter Bindfäden. Klamm erreichen wir schließlich unsere Unterkunft. Wir sehnen uns nach einer heißen Dusche und einem heimeligen Zimmer. Schnell wird klar, dass beides heute nicht auf der Liste der erfüllbaren Wünsche steht. Die einzige Dusche befindet sich außerhalb des Haupthauses und kann kein heißes Wasser bieten. Unsere Schlafzimmer sind unbeheizt. Im Esszimmer kämpft ein Gasofen mühsam gegen die undichten Fenster an. Auf dem ganzen Anwesen steht kein geeigneter Unterstand für die Lamas zur Verfügung. Ihr Nachtquartier ist die nicht eingezäunte Weide vor dem Haus.

Daniela hat ein fantastisches Abendessen zubereitet und stellt unseren Gastgeber Willo vor. Er war früher Schauspieler und hat irgendwann beschlossen, sein bisheriges Leben in Deutschland aufzugeben, um fortan freier und selbstbestimmter leben zu können. Längere Zeit ist er durch ganz Italien gereist, um eine neue Bleibe für sich zu finden. Schließlich ist er

hier gelandet, hat sich in das weitläufige Anwesen und die ungezählten Olivenbäume verliebt und schöne Jahre verlebt. Inzwischen ist Willo altersbedingt leider nicht mehr in der Lage, den Bauernhof adäquat zu bewirtschaften. Offensichtlich freut er sich über unseren Besuch. Und er will wissen, was uns denn zu unserer Pilgerreise gebracht hat. Ob es tatsächlich der Glaube sei, der uns veranlasse, die Strapazen des Weges in Kauf zu nehmen? Das kann er sich nicht vorstellen. Ist so etwas heute noch angesagt?

Walter beginnt zu erzählen und berichtet, dass die Reise für ihn zunächst nicht direkt einen religiösen Hintergrund hatte. Aber die katholische Sozialisierung seiner Jugendzeit hätte im Hintergrund durchaus eine Rolle gespielt. Mit zunehmender Wegstrecke sei ihm erst unmerklich, dann aber immer deutlicher klar geworden, was wichtig ist: die wachsende Freundschaft unter uns Pilgern, die Begegnungen mit all den vielen freundlichen und aufmerksamen Menschen. Zuerst sei er vor allem glücklich gewesen, den zentnerschweren Mühlsteinen der täglichen Pflichten zu entkommen. Dieser erste Schritt hat es ihm möglich gemacht, sich auf wirkliche Begegnungen mit anderen einzulassen. Nach wie vor ist er freudig gespannt, was der weitere Weg bringen wird und wohin er ihn noch geistig führt.

Willo ist sichtlich begeistert von dem, was Walter sagt. Aber Walter macht sich heute Abend Sorgen um seine Lamas. Hier in der Gegend soll es Wölfe geben. Und die Tiere stehen frei auf der Wiese im Dauerregen. Das macht ihn ziemlich unruhig.

16. MÄRZ // DAUERREGEN

Walter hat über Nacht wenig Schlaf gefunden und schaut erbärmlich aus. Immer wieder war er in Gedanken bei seinen drei Hengsten. Die Angst vor Wölfen hatte ihn veranlasst, nachts immer wieder aufzustehen und sich zu vergewissern, ob mit den Tieren auf der Weide alles in Ordnung ist.

Auch ich bin ziemlich angeschlagen, denn ich habe jämmerlich gefroren, nachdem ich mich nicht wirklich entscheiden konnte, mich die letzte Nacht in meinen Schlafsack zu legen. Stattdessen habe ich ihn lediglich als Decke benutzt, und morgens um vier war es mir eisig kalt. Ich wurde überhaupt nicht mehr richtig warm.

Als ich aufwache, starrt Walter auf der Bettkante müde vor sich hin. Tom sitzt bereits in der Küche und hält sich an einer übergroßen Tasse heißen Tees fest. Mit kaltem Wasser ist heute nur eine Katzenwäsche möglich.

Anschließend holen wir die Lamas von der Weide. Auch sie sehen äußerlich mitgenommen aus. Ihr Fell ist vom nächtlichen Dauerregen triefend nass. Aber ein Griff in Tientos untere Fellschichten beruhigt mich: Sie sind trocken und wohlig warm. Abgesehen von ihrem Äußeren scheinen unsere Jungs auch gut beieinander und mit der Nacht auf der Weide nicht unzufrieden zu sein. Jedenfalls haben sie das grüne Gras ringsum ordentlich abgeweidet.

Gestern sind wir bei Dunkelheit und dichtem Nebel angekommen. Erst heute sehen wir, welch ein fantastischer Ausblick sich uns von hier aus bietet: Wir schauen in das grüne Tal des Arno. Dahinter sind grüne Hügelketten zu sehen, abwechselnd in Restwolken und Sonnenstrahlen getaucht. Darüber die Bergkette des Apennin. Der in der Nacht vorherrschende

Dauerregen hat aufgehört, trotzdem starten wir in voller Regenausrüstung. Sicher ist sicher.

Ich habe den Drang, mich zu bewegen, mein ganzer Körper fühlt sich klamm an. Wir verabschieden uns von unseren Gastgebern Daniela, ihren beiden Töchtern und Willo. Heute, 339 Kilometer vor Rom, soll es knapp 24 Kilometer weit bis nach Puglia, einem Vorort von Arezzo, gehen. Wir haben uns zu früh gefreut, denn jetzt regnet es wieder in Strömen. Schmale Rinnsale sind längst zu reißenden Bächen angeschwollen. Ein etwa drei Meter breiter Stromzug liegt vor uns, ein auf den ersten Blick unüberwindbares Hindernis. Unser heutiger Führer, Giuliano, ist einigermaßen ratlos, alternative Übergänge gibt es nicht.

Walter zieht einfach Bergschuhe und Socken aus und krempelt seine Hose bis über die Kniegelenke hoch. Gestützt auf seinen Pilgerstab überquert er den eiskalten Flusslauf. Tom und ich tun es ihm gleich.

Irgendwie habe ich den Eindruck, dass es besser wäre, meine Schuhe ans andere Ufer zu werfen, um die Hände frei zu haben. Schließlich führe ich ein Lama am Strick. Die Idee ist gut, die Ausführung miserabel. Einer meiner Bergschuhe nimmt einen anderen Weg und fällt mitten in der Stromzunge ins Wasser. Nein! Ich sehe ihn schon davonschwimmen. Doch Walter fischt ihn blitzschnell mit seinem Pilgerstab aus den reißenden Fluten und lacht dabei diebisch.

Jetzt schnell hinüber. Die nackten Füße schmerzen höllisch auf den spitzen Steinen im eiskalten Wasser, die heftige Strömung zerrt an meinen Beinen. Während ich mit letzter Mühe versuche, mein Gleichgewicht zu halten, fängt Walter an zu schreien. Ich verstehe nur drei Worte: »Achtung«, »Lama« und »springen«. Tatsächlich muss irgendetwas Luigi derart in Unruhe versetzt haben, dass er einen riesen Satz nach vorne macht. Nur indem ich sofort sein Halfter loslasse, kann ich verhindern, dass er mich mitreißt. Als ich mit gestresster Miene das sichere Ufer erreiche, höre ich Tom aus lauter Kehle singen:

»Mein einziger Zeuge
Mein Wildbach bist du
Dein ewiges Rauschen
Gleicht dem Herzen ohne Ruh
Wo der Wildbach rauscht
Dort im grünen Wald
Ach wie glücklich war ich damals dort einmal.«

Alle, auch Giuliano, der kein Wort versteht, lachen herzlich. Er ist erleichtert, dass wir vor dem Hindernis nicht kapituliert haben.

Beim Abstieg ins Tal versetzen mich der Regen und die anhaltende Kälte in einen melancholischen Zustand. Auslöser ist auch die plötzlich auftauchende Erinnerung an jene schicksalhafte Begegnung mit der unbekannten Frau in Valstagna, die mich um ein Gebet für ihren unheilbar erkrankten Mann gebeten hatte. Die Hoffnung auf Heilung, die sie verströmte, konnte ich in keiner Weise nachvollziehen. Und ich kann es auch jetzt nicht. Wie kann man bloß hoffen, wenn wirklich keine Hoffnung auf Heilung besteht und der Tod eigentlich unausweichlich erscheint? Und dann die Anschlussfrage: Kann Hoffnung helfen, eine Krankheit zu überwinden? Kann Hoffnung vielleicht doch Heilung bringen? Wieder einmal versuche ich, meine eigene Erkrankung – das Hindernis, das sich meinem Leben entgegengestellt hat – irgendwie gedanklich einzuordnen.

Die Krebsdiagnose hat mir damals in der Klinik regelrecht den Boden unter den Füßen weggezogen. Die behandelnden Ärzte haben mir auf den Kopf zugesagt, dass ich die todbringende Krankheit wohl nicht überwinden kann. Aber die Chancen für einen längeren Überlebenszeitraum stünden gut. Was immer das bedeutet. Es folgten statistisch untermauerte Wahrscheinlichkeiten, und man verwies auf den Fortschritt der Medizin, deren Wissen sich aktuell binnen eines Jahres verdoppeln würde. Die Worte erreichten mich, aber sie verfehlten die erhoffte Wirkung. Ein Leben in Wahrscheinlichkeiten ist keine Perspektive, wenn der Tod bereits angeklopft hat. Ich empfand jedenfalls damals alles mehr als deprimierend und resignierte. Warum auch immer: Ich war mir vollkommen darüber im Klaren, dass meine Krankheit nicht geheilt werden könnte – und ich dem Tod geweiht war.

Eine lebensbedrohliche Krise kann der Auslöser notwendiger Lebensentscheidungen sein. Ich musste nun, darauf hatte mich auch Tom nochmals hingewiesen, einen persönlichen »Schlachtplan« entwickeln, wie ein solches Leben aussehen könnte. Schlachtplan – das war das Stichwort. Irgendeine unerklärliche Eingebung hatte mir gerade den Namen »Rosinante« zugeflüstert, während ich zu Tiento hinüberschaute. Das war der Name des Pferdes, auf dem einst Don Quichotte umherzog und unablässig gegen Windmühlenflügel kämpfte. Eine groteske Vorstellung! Unweigerlich musste ich schmunzeln.

Rosinante und ich schreiten soeben – vorerst ohne Schlachtplan – wacker über die wenig Vertrauen erweckende Fußgängerbrücke in schwindelnder Höhe über den reißenden Fluss Arno. Sarkasmus hat mir schon immer gutgetan.

Etwa fünf Kilometer flussabwärts ist unser heutiges Ziel Puglia, ein Vorort von Arezzo, erreicht. Auf dem zentralen Platz erwartet uns eine größere Menschenansammlung. Giuliano verabschiedet sich, und die Umstehenden weisen uns den Weg zu einem Reitstall, der nur fünf bis zehn Minuten weit entfernt sein soll. Eine wunderbare Perspektive!

Der Weg zieht sich jedoch, und so trotte ich mit Buffon am Halfter hinter der Gruppe her. Erst dessen Unruhe reißt mich aus meinen trüben Gedanken, die ich bereits den gesamten Tag über spinne. Ganz Herdentier, möchte Buffon Fühlung zu seinen Artgenossen halten, die aber in der Dämmerung schon fast außer Sicht geraten sind. Ich beschleunige meine Schritte und laufe dicht am rechten Straßenrand, der von einem Abwassergraben begrenzt ist, um zu verhindern, dass mich das Tier rechts überholt. Doch als seine Artgenossen um die Kurve biegen und aus seinem Sichtfeld verschwinden, ist Buffon nicht mehr zu halten. Mit einem Satz springt er in den Graben, überholt mich, springt dann wieder auf die Straße und rast im Galopp davon.

Meine beiden Weggenossen hören meine Rufe nicht. Erst als Buffon ohne mich auftaucht, wird Walter klar, was passiert sein muss. Buffon hat offensichtlich beim Sprung in den matschigen Abwassergraben einen seiner Ballenprotektoren verloren.

Walter ist außer sich, als er das Fehlen bemerkt. Das wichtige Teil muss unbedingt wiedergefunden werden. Es gibt zwar ein Ersatzpaar, aber 300 Kilometer vor Rom wollen wir hieran nicht rühren. Tom und ich gehen die Wegstrecke zurück und finden den Protektor zum Glück trotz Dunkelheit und Matsch nach kürzester Zeit im Straßengraben. Aber die Stimmung bleibt schlecht. Es ist kalt. Und kein Reitstall weit und breit zu sehen. Von wegen fünf bis zehn Minuten! Die Leute, die uns den Weg gewiesen haben, hatten anscheinend keine Ahnung – oder kein Zeitgefühl! Erst als wir nach gut eineinhalb Stunden Marsch den Reitstall erreichen und die Lamas versorgt sind, fällt der Stress von uns ab. Unsere Gastgeberinnen, lustige Zwillinge Mitte sechzig, holen uns am Stall mit dem Auto ab. Geschafft.

17. MÄRZ // DER LETZTE DER TEMPLER

Auf der *Far's West Ranch* herrscht schon zeitig am Morgen Cowboy-Romantik. Kinder mit großen, breitkrempigen Hüten und Wildwest-Stiefeln führen ihre Pferde zur Tränke, Fahnen der Konföderierten wehen, Heu wird in amerikanischen Pick-ups angeliefert, und die Männer posieren neben den Tieren, als ob sie in der Prärie des Mittleren Westens stünden. Dazwischen unsere gut gelaunten Lama-Hengste und die fröhlichen Zwillinge, die uns aus dem Dorf hinaus auf den Weg nach Arezzo führen wollen. Ringsum flaches Land, von Hügeln gesäumt. Tief hängende Wolken und durch den nächtlichen Starkregen aufgeweichte, total matschige Wege.

Arezzo war in spätrömischer Zeit Standort einer bedeutenden Keramikmanufaktur, seit dem 4. Jahrhundert Bischofssitz, in den 70er-Jahren des vorigen Jahrhunderts wichtiger Standort der Schmuckindustrie. Wir betreten die Altstadt über das nördliche Stadttor, die Porta San Biagio, unser erstes Ziel ist die Kathedrale. Nach kürzester Zeit sind wir von Schaulustigen umringt. Wie könnte es anders sein?

Walter bleibt bei den Tieren. Tom und ich betreten die Kathedrale, um uns die Stempel für unsere Credenziali abzuholen. Auf dem Weg zur Sakristei fällt uns ein Wandfresko auf: die Maria Magdalena von Piero della Francesca. Langes Haar, gesenkter Blick, jugendliches Lächeln, Grübchen in den Mundwinkeln, hohe Stirn und leicht angehobene Augenbrauen. Was für eine Schönheit. Und doch eine der umstrittensten Personen des Neuen Testaments.

Ein Ruf reißt mich aus den Gedanken: »Avanti!« Zwei ältere Herren stehen, als wir eintreten, an einem gewaltigen Schreibtisch, wohl der Pfarrer und der Mesner. Auf Toms Erklärung hin holt der Geistliche, enorme Augenbrauen über einer Habichtsnase – ein echtes Faktotum – mit bedeutungsvollem Gestus den Stempel der Kirche aus dem Schreibtischfach und stempelt unsere Credenziali.

Arezzo verlassen wir in südlicher Richtung. In den engen Gassen der Altstadt und später auf der Einkaufsstraße bilden sich dichte Menschenmassen, die ein Durchkommen fast unmöglich machen. »Achtung, die Tiere könnten spucken, bitte Abstand halten!«, rufe ich den Umstehenden zu. Sofort öffnet sich ein Korridor. Walter grinst diebisch, Tom ist erstaunt über die Wirkung.

Der Anstieg durch dichte Eichenwälder gibt herrliche Blicke zurück auf Arezzo frei, das sich auf einem lang gezogenen, flachen Hügel ausbreitet, auf dessen Spitze die Kathedrale im Lichtschein der nachmittäglichen Sonne thront. Vor uns liegt ein etwa 70 Kilometer langes und 20 Kilometer breites Tal, das Val di Chiana, an dessen südlichem Ausgang bereits die Grenze zur Region Umbrien zu verorten ist.

Die Stimmung ist an diesem Nachmittag prächtig. Der Abstieg entlang der seitlichen Hügelkette und die sich ständig verändernden Lichtverhältnisse verschaffen uns immer neue Eindrücke der weiten, fruchtbaren Ebene. Schließlich hüllt uns die untergehende Sonne in ein warmes, weiches Licht; es

ist einer dieser Augenblicke, die einem die Liebe zum Leben näherbringen.

Auf dem letzten Anstieg hinauf nach Pieve della Sassaia, einer Pilgerherberge, die in einem alten Pfarrhaus untergebracht ist, kommt uns in der Dunkelheit eine vollkommen in weißes Tuch gehüllte Gestalt entgegen. Weiße Haare, ein langer, schlohweißer Bart, auf der Brust ein riesiges rotes Kreuz. Das Kreuz der Tempelritter. Mir dünkt: meine Rosinante, das tapfere Lama und ich werden heute Abend ein weiteres Abenteuer zu bestehen haben!

Auf jeden Fall kann ich mir ein Schmunzeln nicht verkneifen. Ein Blick auf Tom und Walter verrät ebenfalls ungläubiges Erstaunen.

Der Tempelritter stellt sich als Giovanni, der Ospitaliere – unser Herbergsvater – vor. Auch er staunt nicht schlecht über unsere Karawane und begrüßt uns mit einer gespielten Ehrfurchtsgeste als die »Heiligen Drei Könige«. Er hat, wie er berichtet, im aretinischen Lokalsender »Teletruria« einen Filmbeitrag über uns gesehen. Der Redakteur hat sich bis dahin verstiegen, uns mit den »tre magi«, den Heiligen Drei Königen, die dem Papst huldigen und ihm Geschenke bringen wollen, zu vergleichen. Das ist hängen geblieben.

Auf dem Weg erzählt uns Giovanni, wie er eines Tages beschlossen hat, sein bisheriges Leben als Inhaber einer Fabrik aufzugeben. Alles erschien ihm sinnentleert, es brauchte eine Wende. So habe er alles verkauft, seiner Frau und seinen Kindern den gesamten Ertrag ausbezahlt und sich schließlich mit 60 Euro in der Tasche auf den Weg gemacht. Eine seiner Wanderungen hätte ihn bis ins ferne China, an die Chinesische Mauer, geführt. Aber erst auf dem »Camino«, dem Jakobsweg nach Santiago de Campostela, habe er erkannt, was mit ihm innerlich passiert war. Es war der Beginn seines neuen Lebens. Früher sei er sich wie ein Gespensterschiff auf der Suche nach einem Hafen vorgekommen, ohne zu wissen, wohin die Reise geht. Auf dem *Camino* habe er den Glauben entdeckt; Licht, inneren Frieden und Freude gefunden.

Die alte Pfarrei, in der wir heute unterkommen, war geraume Zeit nicht mehr genutzt worden und nach und nach verfallen. Dann hatte man sich besonnen und mit dem Wiederaufbau begonnen. Giovanni berichtet, dass er vom ersten Moment an gewusst hätte, dass dies der Platz sei, wo er hingehöre. Strategisch günstig am Franziskusweg und der Via Romea Germanica gelegen, die ebenfalls hier vorbeiführt, hatte er den Plan gefasst, eine Pilgerunterkunft zu schaffen. Und er konnte den örtlichen Pfarrer überzeugen, ihm die Räumlichkeiten anzuvertrauen.

Wir staunen nicht schlecht über die Dekoration der Räume, überall Devotionalien und andere Gegenstände, die darauf hinweisen, dass der Orden der Tempelritter trotz seines Verbots durch Papst Clemens V. im 14. Jahrhundert hier in Pieve della Sassaia weiter existiert. In einer Nische ein gigantisches Schwert auf die Fahne des Ordens drapiert, an den Wänden überall Zeichen, Medaillen und Urkunden. In dem von einem mächtigen Kamin geheizten Speiseraum hängen die Testimonia, die kirchlichen Bestätigungen zu drei absolvierten Pilgerreisen über den Jakobsweg, nebst dazugehörender Credenziali.

Unser Gastgeber kocht fantastisch, es gibt Pici, geschmortes Hühnchen in Tomaten und Oliven, Salsicce mit Gemüse.

Als ich nach dem Essen einsam auf dem Hof stehe und in der weiten Ebenen vor mir die vielen Lichter leuchten sehe, freue ich mich an der Erkenntnis, dass jedes Leben seine eigene Realität hat. Eine Realität, die man erst dann begreift, wenn man seine eigenen eingefahrenen Sichtweisen darauf zurechtrückt und sich auf etwas wirklich Neues einlässt.

18. MÄRZ // EIN UNERWARTETES GESCHENK

Walter sitzt schon am Frühstückstisch und drückt mir schmunzelnd sein Mobiltelefon in die Hand. Geöffnet ist die Seite des Corriere di Arezzo. Dort steht: »… sind gestern mit ihren Lamas in der Altstadt von Arezzo aufgetaucht. Gerade so, als wären sie die Heiligen Drei Könige …«. Mir wird irgendwie mulmig bei dem Gedanken.

Giovanni zeigt uns seine Bibliothek: Neben Werken über die Templer und Literatur zu Franziskus von Assisi finden sich dort zahlreiche Bücher, die sich mit der Geschichte des Landes beschäftigen, und regalmeterweise Reiseführer zu den verschiedensten Pilgerrouten Europas. Ich öffne einen Bildband über die Klosteranlage La Verna. Ein Kärtchen fällt heraus, offenbar ein Lesezeichen, auf dem handschriftlich vermerkt ist:

Für uns Christen hat die Zukunft einen Namen,
und dieser Name ist »Hoffnung«.
Die Hoffnung ist die Tugend eines Herzens,
das sich nicht in die Dunkelheit einschließt,
das sich nicht an die Vergangenheit klammert,
das in der Gegenwart nicht einfach vor sich hin lebt,
sondern das auf ein Morgen schaut.
Papst Franziskus [2]

Giovanni schenkt mir das Kärtchen mit den Worten: »Denk mal darüber nach, es lohnt sich!«

Nach der Besichtigung der Kirche holen wir die Lamas aus ihrer Unterkunft. Walter kontrolliert Buffons Hinterläufe. Die Schwielen an den Ballen sind dabei, sich zurückzubilden. Eine große Sorge weniger!

Unser heutiges Ziel, ein Reitstall in San Martino vor den Toren Cortonas, ist knappe 21 Kilometer entfernt. Unlustig ob

des auch heute herrschenden Dauerregens setzt sich unsere Karawane in Bewegung. Meine Gedanken kreisen um den Text auf dem Kärtchen. Hoffnung ist logischerweise auf Zukunft ausgerichtet. Eine Herzenstugend. Sich nicht in Dunkelheit einschließen, sich nicht aufgeben, nicht an die Vergangenheit klammern. Nicht einfach dahinleben. Sondern auf ein Morgen schauen.

Tom, den ich in meine Überlegungen mit hineinnehme, bringt den Text von Papst Franziskus in Zusammenhang mit seinen eigenen Erfahrungen. Er hat sich nicht mit der Hoffnungslosigkeit abgegeben, die ihn nach der Tumordiagnose zunächst überwältigt hatte. Stattdessen hat er sich aufgemacht, sich in Bewegung gesetzt. Wie durch ein Wunder hatte er seine Krankheit überwunden. Aber er war dabei nicht stehen geblieben, hatte versucht, die Ursachen zu erkennen. Und gemerkt, dass vieles, was er jahrelang getan hatte, zu kurz griff. Alles, sein gesamten bisheriges Leben, hatte er auf den Prüfstand gestellt. Und auf diese Weise zu einem zweiten, einem besseren, weil bewussteren Leben gefunden.

Ich habe Angst, bereits an der ersten Hürde zu scheitern. Wie kann mein Herz die Dunkelheit überwinden, wenn die Diagnose verheerend, die Chance auf komplette Heilung überhaupt nicht gegeben ist? Wie soll sich angesichts der feh-

lenden Perspektive für mich die Chance auf ein zweites Leben ergeben?

Walter, der unser Gespräch mit zunehmendem Unmut verfolgt hat, fährt dazwischen und meint, dass ich das Ganze mit größerer Gelassenheit angehen soll. Meine Ärzte hätten mir doch klargemacht, dass ein Leben mit der Krankheit über einen längeren Zeitraum mit großer Wahrscheinlichkeit möglich sei. Andere hätten keine derartige Perspektive. Und wer weiß schon, was uns die Zukunft bringt. Ich soll einfach anfangen, mein zweites Leben zu leben. Vielleicht meint Papst Franziskus mit der Dunkelheit nur die eigene Angst, die es zu überwinden gelte. Außerdem hätte ich doch schon mein zweites Leben begonnen. Dass ich gerade, trotz anfänglich widriger Vorzeichen, mit Tom, ihm und den Lamas nach 700 zurückgelegten Kilometern 300 Kilometer vor Rom noch aufrecht durch den Dauerregen laufe, sei der Beweis. Walter holt tief Luft. Dann spricht er weiter: »Thomas – wieso begibst du dich nicht mit derselben Zuversicht auch auf deine innere Reise? Auch ich habe es geschafft, mich nach 15 arbeitsintensiven Jahren endlich auf den Weg zu machen. Nun versuche ich gerade, in der Tiefe zu ergründen, wie mein Leben nach dieser Pilgerfahrt aussehen soll. Es scheint mir jetzt der richtige Moment gekommen zu sein, ein zweites Leben zu beginnen. Die zentnerschweren Lasten des Alltags, die ich mir über all die Jahre aufgeladen habe, beginnen nach 26 Marschtagen endlich von mir abzufallen. Das Telefon hat aufgehört zu klingeln, und mein Kopf wird langsam frei.«

Eine konkrete Vorstellung, wie er sein künftiges Leben gestalten will, hat Walter noch nicht, bis jetzt zeigen sich ihm nur Fragmente eines größeren Bildes, sagt er mir auf Rückfrage. Aber er versucht zumindest, Klarheit zu gewinnen.

Mich beruhigt, dass ich nicht der Einzige bin, der auch nach einer über dreiwöchigen Reise noch keine Vorstellung hat, wie es in seinem Leben anders werden könnte. Nur Tom scheint ein klares Bild zu haben.

Der Regen wird immer heftiger. Buffons Ballenprotektoren sind komplett durchnässt und quietschen bei jedem Schritt. Die Klettverschlüsse sind ausgeleiert, so dass die Protektoren nicht mehr so straff sitzen. Es scheint Buffon aber nicht weiter zu stören. Er läuft wie seine beiden Artgenossen vollkommen unbeeindruckt, ja stoisch durch den Dauerregen.

Walters deutliche Ansage tut mir gut. Jetzt gilt es, keine Wehleidigkeit aufkommen lassen, sondern konstruktiv weiterzudenken und das mögliche neue Leben einfach zu beginnen. Ich werde sehen, wo es mich hinführt. Hatte der Salesianer in Monteortone mir nicht prophezeit, dass sich mir der richtige Weg eröffnet, wenn ich es zulasse?

Vor uns in der Ebene auf den weiten Weideflächen grasen enorme, mannshohe, weiße Rinder mit riesigen Hörnern, sogenannte »Chianina«, die für das Val di Chiana typisch sind. Der Anblick der riesigen Tiere versetzt unsere Lamas in helle Aufregung. Tiento lässt die beiden anderen keinen Moment aus den Augen, er und Luigi schließen näher zu Buffon auf. Als ein paar neugierige Rinder angetrottet kommen, um einen Blick auf unsere exotischen Vierbeiner zu werfen, bilden die drei eine Phalanx – auch wenn sie ein Zaun von den Rindern trennt. Erst als wir die Weide hinter uns lassen und nach Castiglion Fiorentino aufsteigen, fällt die Anspannung wieder von ihnen ab. Heute will es wirklich gar nicht mehr aufhören zu regnen, trotzdem sind wir, als wir die Altstadt über die Porta Fiorentina betreten, gleich wieder von Schaulustigen umringt.

Auf dem weiteren Weg durch die Ebene gehe ich Schritt für Schritt, wie in Trance. Dann bemerke ich: Mindestens eine halbe Stunde lang habe ich an nichts, an rein gar nichts gedacht. Ich habe das Gedankenkarussell vollständig ausschalten können. Das gab es bislang noch nie. Unentwegt – auch in Momenten des Schweigens und der Einsamkeit – kreisten meine Gedanken um irgendein Thema, niemals konnte ich sie restlos abstellen.

Die Welt der Meditation und der inneren Kontemplation war mir bisher verschlossen geblieben. Nun hatte mich ein unbeschreibliches Gefühl innerer Ruhe und Erholung ergriffen. Ein unfassbares Geschenk. Erst später wird mir klar, wie es dazu kam.

Wir steigen über schlammige Pfade zum Castello di Montecchio hinauf. Unterwegs bietet sich eine wunderbare Aussicht auf das Tal, in dem bereits die Baumblüte eingesetzt hat. Die letzten acht Kilometer nach San Martino, einem Pferdehof in der Hügellandschaft vor den Toren Cortonas, laufen wir munter plaudernd durch Olivenhaine. Wir haben beschlossen, den Dauerregen einfach zu ignorieren.

Der Pferdehof ist eine weiträumige Anlage mit riesigen Stallungen, stolze Araberpferde stehen auf den Koppeln. Unsere drei Jungs bekommen ein prächtiges Übernachtungsquartier zugewiesen. Auch wir staunen nicht schlecht: Warme, gemütliche Zimmer in einem historischen Anwesen warten auf uns. Und die Wirtin, eine quirlige Mittdreißigerin, Cousine des italienischen Rapperstars Jovanotti, ist eine hervorragende Köchin. Im Speisesaal stehen auf beiden Seiten über die gesamte Länge jeweils eine Bank und ein Tisch. In der Mitte ist ein reichliches Büfett angerichtet. Crostini mit verschiedenem Belag, Käse und Salami. Es herrscht eine muntere, ausgelassene Stimmung. Nach Pici mit Ragù wird uns eine Chianina serviert, ein enormes Stück Roastbeef, zubereitet auf dem Holzkohlegrill im Kamin des Speisesaals.

Meine Zigarette rauche ich im Innenhof, eng an die Mauer unter dem Vordach gelehnt, es regnet immer noch in Strömen.

19. März // Elefanten

Cortona, eine der bedeutendsten und ältesten etruskischen Gründungen, liegt erhaben vor uns auf einem sanft ansteigenden Hügel. Hier hatte Hannibal nach seiner Alpenquerung und einem Marsch über den Apennin im März 217 v. Chr. sein Heerlager aufgeschlagen und wenig später zwei römische Heere unter der Führung der Konsuln Flaminius und Servilius in der Schlacht am nahe gelegenen Trasimenischen See vernichtend geschlagen.

Auch wir sind über die Alpen und den Apennin in 27 Marschtagen nach Cortona gekommen. Aber anstelle eines Kriegselefanten führe ich meine Rosinante den Anstieg zur Stadt hinauf und muss bei diesem Gedanken lachen. Tiento findet diesen neuerlichen Vergleich gar nicht lustig und sieht mich mit mürrischem Unverständnis an.

Über Nacht hat der Regen aufgehört, der Weg führt durch ausgedehnte Olivenhaine. Am zentralen Platz der Stadt tritt uns ein Grüppchen Offizieller entgegen. Sie werden von zwei Gemeindepolizistinnen begleitet und wollen wissen, wo wir denn gestern abgeblieben seien. Sie hätten die Information bekommen, dass wir am 18. März vormittags ankommen, und einen Empfang für uns vorbereitet. Den Kindern sei schulfrei gegeben worden, damit sie die Lamas sehen könnten. Und hier auf dem Platz hätte man gestern extra für uns einen Stand mit lokalen Spezialitäten und Wein aufgebaut. Der Bürgermeister hatte sogar eine kleine Ansprache vorbereitet. Irgendwie ist es uns peinlich – aber wir hatten nie geplant, schon einen Tag früher hier einzutreffen. Nun herrscht auch ohne die Schulkinder eine Menge Trubel. Eine größere Menschenmenge hat sich eingefunden, alle wollen uns und unsere Lamas sehen.

Beim Abschied haben wir das Missverständnis aufgeklärt. Wir laufen durch die mittelalterlichen Gassen der Altstadt zur Piazza Garibaldi. Die sich dort nach Süden öffnende Aussicht über das Val di Chiana reicht bis zum Trasimenischen See. Unser heutiges Ziel, Pozzuolo, liegt etwa 25 Kilometer entfernt in Sichtweite.

Die ersten 20 Kilometer ziehen sich. Zeit, um über das Verhältnis unter uns Pilgern nachzudenken. In der ersten Woche unserer Reise hatte ich vordringlich mit meiner Physis zu kämpfen. Als ich damit anfing, meine körperlichen Schwierigkeiten mit mangelnder Willensstärke und fehlender psychischer Stabilität zu erklären, war der circulus vitiosus perfekt. Erst am Anfang der dritten Woche, als ich das Gefühl hatte, die gesamte Distanz bewältigen zu können, war ich in der Lage, Walter meine gesundheitlichen Probleme anzuvertrauen. Auch wenn er äußerst verständnisvoll reagierte, blieb das Gefühl, nicht ehrlich zu ihm gewesen zu sein, Ich hatte sein Vertrauen missbraucht. Er hatte meiner Teilnahme unter falschen Voraussetzungen zugestimmt. Und ich spürte, dass das Verschweigen nicht richtig war. Das schlechte Gewissen hatte mich davon abgehalten, unsere Beziehung zu vertiefen. Tom hatte ich längere Zeit eher unbewusst auf Distanz gehalten.

Meine Krebsdiagnose hatte mir den Stempel der Minderwertigkeit aufgedrückt, sie schien mir wie ein Makel, der mich plötzlich befallen hatte.

Ich dachte: Weil ich nicht auf meine physische und psychische Gesundheit geachtet habe, bin ich krank geworden. Das hatte ich mir selbst zuzuschreiben! Ich hätte die Erkrankung verhindern können, wenn ich anders gelebt hätte. Ja, ich hätte sie verhindern müssen!

Tom hatte wohl denselben Fehler begangen wie ich, war aber im entscheidenden Moment intelligent genug gewesen, alles zu ändern. Er hatte gekämpft und die Krankheit überwunden. Ich hingegen neigte bislang eher zu Wehleidigkeit und Resignation. Sicher, auch ich hatte den Kampf aufgenommen und mit meinen Ärzten ein spezielles Behandlungskonzept entwickelt, das bis heute gute Ergebnisse gezeitigt hat. Andererseits habe ich bislang wenig bis gar nichts an meinem Leben geändert. Aus Scham habe ich sogar mein inneres Erleben vor einem alten Freund versteckt, mich wie eine Schildkröte unter einen Panzer von Abwehrhaltungen zurückgezogen. Keiner sollte merken, wie es mir wirklich ging.

In der Dämmerung erreichen wir Pozzuolo, wo wir schon erwartet werden. Für die Lamas steht ein großer, eingezäunter Olivenhain bereit, Heu und Wasser sind bereits hergerichtet. Wir werden im Speisesaal des Agriturismo Romitorio von der Gastgeberin Annarita, ihrer Tochter Giulia und weiteren Mitgliedern des Vereins der Via Romea erwartet. Der Tisch ist schon mit Vorspeisen reichlich gedeckt. Und man überredet uns, hier am Trasimenischen See einen Tag Pause einzulegen. Gerne möchten unsere Gastgeber uns die Gegend zeigen. Der Aussicht auf einen marschfreien Tag können wir, auch angesichts der wenig aussichtsreichen Wettervorhersage, schließlich nicht widerstehen.

20. MÄRZ // RUHETAG

Auf dem Turm der Festung in Castiglione del Lago ergreift mich ein erhebendes Gefühl. Die Aussicht ist grandios. Uns zu Füßen der Trasimenische See, am nordöstlichen Ufer die Schmalstelle, an der Hannibal die Römer in die Falle gelockt und in den See getrieben hatte. Weiter nordwestlich der Hügel mit den Stadtmauern Cortonas.

Dass wir die Lamas heute Morgen in ihrem Freigehege im Olivenhain gelassen haben, tut nicht nur ihnen gut. Die Ruhe, befreit von der Aufmerksamkeit, die unsere drei Jungs immer und überall auslösen, ist erholsam. Der Ruhetag kommt uns wie ein Geschenk vor. Dazu freudestrahlende Gesichter unserer Gastgeber und Begleiter, die uns mit sichtlichem Stolz ihre Heimat näherbringen wollen. Neben der Altstadt von Castiglione del Lago mit ihren Feinkost- und Gewürzläden sehen wir das Städtchen Pienza, ein architektonisches Juwel im Val d' Orcia, das Papst Pius II. Mitte des 13. Jahrhunderts zur *idealen Stadt* ausbauen ließ, sowie Montepulciano mit seinen unzähligen Weinkellern. Nur dass es auch heute Nachmittag unablässig regnet, trübt die Freude ein wenig.

21. März // Die Angst

Giulia, die Juniorchefin, steht vor uns am Frühstückstisch des Romitorio. Sie hat blaue Klebebandagen für Pferdehufe in ihrer Hand, die sie heute Morgen in der örtlichen Apotheke gekauft hat. Walter strahlt, er hatte ihr, einer eingefleischten Pferdeliebhaberin, gestern die Probleme mit den Klettverschlüssen an Buffons Ballenprotektoren geschildert. Und Giulia war über Nacht eingefallen, dass man diese einfach überkleben und damit auch den Schaft der Protektoren nochmals verlängern könnte. Es funktioniert ausgezeichnet. Tiento, der die Aktion aufmerksam verfolgt hat, gibt freudige Laute von sich, er scheint den neuen Look seines Mitpilgers peinlich zu finden.

Ein schneidender, stürmischer Wind hat heute Morgen die Wolken auseinandergerissen und den Regen der Vortage vertrieben. Die heutige leichte Etappe wird uns 21 Kilometer entlang der Wasserscheide zwischen dem Trasimenischen See und dem See von Chiusi nach Paciano führen. 234 Kilometer trennen uns noch von Rom. Als wir nach wenigen Kilometern den Kamm der Hügelkette erreichen, ist der Wind zu einem veritablen Sturm angeschwollen, der unbarmherzig durch die Kleidung fährt.

Die Gespräche der vergangenen Tage gehen mir nicht aus dem Kopf. Ist es tatsächlich Wehleidigkeit, die mich befallen und bisher davon abgehalten hat, positiv in die Zukunft zu blicken? Dieses Gefühl kannte ich bislang nicht.

Oder hatte mich der gefühlte Schockzustand nach der Diagnose in die Irre getrieben? Es fiel schwer, Ruhe zu bewahren. Wehleidigkeit ist ein Gefühl, das ich in meinem Leben bislang nicht kannte. Die Kopflosigkeit nach einem überraschenden Moment, in dem ich eine schlechte Nachricht bekam, hatte ich

bislang immer sehr schnell überwinden können. Jetzt empfand ich mich als Opfer einer Art Ungerechtigkeit des Schicksals. Warum musste das gerade mir passieren?

Alles im Leben lief doch bisher gut und in geordneten Bahnen; ich war Anfang fünfzig, führte eine gute Ehe, hatte ein gesundes, intelligentes Kind. Unsere Lebensverhältnisse waren finanziell abgesichert. Wertvolle Freundschaften machten das Leben reich. Ich hatte mir dies alles über die Jahre aufgebaut. Dann war es passiert. Von einem Augenblick zum anderen änderte sich die Lage. Ab dem Moment der Diagnose hatte ich mein Leben nicht mehr im Griff, es war mir schlichtweg jegliche Kontrolle darüber entglitten. Kopflosigkeit war eingetreten. Anstatt mich auf die neue Situation einzustellen und mich mit ihr auseinanderzusetzen, habe ich mich unbemerkt zurückgezogen. Mein »Jetzt erst recht!« führte bei Licht betrachtet nur zu einer Verdrängung der Probleme. In bloßem Aktionismus verlor ich den Faden.

Mich beschleicht die Erkenntnis, jetzt anders vorgehen zu müssen. Mut und Offenheit dazu haben mir bislang gefehlt. Das ist klar. Die Krankheit ist keine Ungerechtigkeit des Schicksals, auch kein Makel, wie ich es mir fälschlicherweise eingeredet habe. Es gibt daher keinen Grund, nicht offen damit umzugehen. Ich will nicht länger ein Geheimnis daraus machen und verschweigen, wie es mir wirklich geht. Anderseits will ich das Ganze auch nicht zu einem riesigen Monstrum aufblähen. Walter hat recht. Die Diagnose ist kein endgültiges Urteil, im Gegenteil, sie eröffnet mir die Chance auf ein zweites Leben.

Wir haben die Grenze zwischen der Toskana und Umbrien bereits überschritten. Ringsum Zypressen und Olivenhaine, auf den Anhöhen vereinzelt Hofstellen. Der Sturm ist stärker geworden. Besonders an den ausgesetzten Kämmen der Hügel ist der Wind inzwischen so heftig, dass wir Mühe haben, uns auf der Straße zu halten. Immer wieder wirbeln heftige Böen Tientos Fell auf. Offensichtlich hat er das ungute Gefühl, irgendetwas würde immer wieder nach ihm greifen. Er schüttelt sich andauernd, um sich alldem zu entziehen, aber es will ihm nicht gelingen. Hilflos schaut er mich an.

Außerdem begegnen wir wieder einem alten Bekannten. Es ist der Schlamm, der sich in schweren Klumpen an unsere Bergschuhe heftet und jeden Schritt erschwert. Trotz der äußerlich widrigen Verhältnisse erfasst mich ein warmes Gefühl der Erkenntnis. Ich verspüre erstmals Gewissheit, einen Zugang in mein zweites Leben gefunden zu haben. Die ganze Zeit über hatte ich schlichtweg Angst vor dem Ungewissen. Ein Zustand, der meine Hoffnung erstickte und die Türen zur Zukunft verstellte. Erstaunlicherweise hat diese Erkenntnis die Angst in meinem Inneren bereits mundtot gemacht. Langsam ordnen sich meine Gedanken, eine Befreiung.

Der Wind peitscht seitlich über die Felder; zerzaust mir die Haare und den Bart. Um uns untereinander verständlich zu machen, müssen wir schreien. Die Kälte ist für mich fast unerträglich. Erst als wir in das geschützte Tal nach Villastrada kommen, lässt der Wind allmählich nach.

Unsere heutige Unterkunft, ein Bed & Breakfast vor den Toren Pacianos, liegt auf einer Hügelkuppe. Die Tochter des

Hauses und unzählige andere Kinder haben unsere Ankunft schon sehnsüchtig erwartet. Sie sind begeistert und können sich nicht von den Lamas trennen, jedes von ihnen will Tiento zumindest einmal durch den Hof geführt haben, bevor er sich auf die Koppel zurückziehen und über seinen Heuballen hermachen darf.

Mit Sonnenuntergang ist es erneut schneidend kalt geworden. Der Wind bläst mir durch Bart und Haare, die Kälte ist unerträglich. Und da ist sie schon wieder, diese Angst. Ich erschrecke heftig über die innere Assoziation.

Die heiße Dusche fällt heute länger aus als üblich. Nach dem Abendessen verabschiede ich mich schnell auf mein Zimmer. Unerklärliche Nervosität hat sich bei mir eingestellt, ich bin heute kein guter Gesellschafter.

22. MÄRZ // VERFOLGUNG

Ich schlafe unruhig, der Albtraum wiederholt sich. Ich laufe und laufe durch einen dunklen Wald. Und ich weiß: Ich werde verfolgt. Meine Häscher kommen immer näher, als sich vor mir ein Hindernis auftut – ein tosender Bach. Jetzt nicht aufhalten lassen! Ich laufe barfuß durch die Fluten und stecke plötzlich fest. Eine Schlingpflanze hat sich um meinen rechten Fuß gewickelt, ich komme keinen Schritt weiter, sosehr ich auch ziehe und zerre. Langsam wird das rechte Bein eiskalt, als ob es festfrieren würde, ich kann mich nicht mehr vom Fleck rühren. Die Verfolger stehen am Ufer und greifen nach mir. Kurz bevor sie mich erreichen, schrecke ich aus dem Schlaf hoch und sitze aufrecht im Bett. Es war ein Trugschluss zu glauben, ich wäre frei. Die Angst hat sich nicht so schnell besiegen lassen, sie ist wieder gekommen. Und sie ist näher gekommen.

Walter neben mir schläft ruhig. In der Dunkelheit ziehe ich mich an, laufe hinaus, in den Olivenhain hinter dem Haus. Die Nacht ist vollkommen ruhig, die Schale des zunehmenden Mondes hat sich teilweise hinter einer Wolke versteckt. Ich laufe immer weiter vom Haus weg, will mich meinen Verfolgern stellen, sie suchen. Es gibt da draußen aber nichts, rein gar nichts. Als ich wieder zurückkehre, dämmert es schon, Tiento jault fröhlich in seinem Gehege, er hat mich von Weitem bemerkt, ist als Einziger der drei aufgestanden und will mich offenkundig begrüßen. Als ich ihm über den Kopf streichele, legt er die Ohren an und reibt seinen Kopf an meiner Brust. Er hat kein Halfter an, das ihn stören könnte. Ich fühle, dass er mir auf diese Weise seine Vertrautheit ausdrücken möchte. Das tut gut! Tiere haben einfach andere Antennen. Im Zimmer zurück, ist Walter schon aufgestanden. Er begrüßt

mich, stellt keine Fragen und verschwindet im Bad. Er hat wohl verstanden.

Auf dem obligatorischen Abschiedsfoto mit unseren Gastgebern steht mir die durchlebte Nacht ins Gesicht geschrieben. Ein kalter, windiger, aber sonniger Tag hat begonnen, vor uns liegt die etwa 20 Kilometer lange Etappe nach Città della Pieve.

Das fröhliche Lachen und aufgeregte Quietschen einer Heerschar von Kleinkindern begrüßt uns in Paciano, der Kindergarten ist vollzählig auf dem Platz erschienen. Dahinter die Erzieherinnen, der Bürgermeister und andere Menschen aus dem Ort; alle bester Laune. Auf dem engen Platz, von hohen Gebäuden beinahe komplett eingefasst, ist es windstill und sonnig, einfach schön. Als die Kinderschar schon längst wieder verschwunden ist, stehen wir noch mit dem Bürgermeister und einigen Einheimischen da, in der einen Hand ein Weinglas, in der anderen ein herrlich schmeckendes Panino. Während Walter die Satteltaschen der Lamas mit den Lebensmitteln und Andenken belädt, mit denen wir hier überhäuft wurden, sitzen Tom und ich neben unseren Jungs, die sich auf den Boden gelegt haben.

Mein Gefährte sieht mich mit seinem wettergegerbten Gesicht unter dem Vollbart ernst an und klopft mir ermunternd auf die Schulter. »Jetzt nur nicht aufgeben«, scheint er mir sagen zu wollen. Nicht jetzt, nachdem wir bereits mehr als zwei Drittel der Wegstrecke überwunden haben und es für ihn keinen Zweifel gibt, dass ich auch die restliche Distanz bestehen werde.

Es gilt jetzt, meine Seele zu trainieren, sie auf mein zweites Leben vorzubereiten. Der erste Schritt muss sein, die Angst zu überwinden, sie definitiv zu besiegen. Der Weg dorthin führt über die Stärkung ihres Antagonisten, der Hoffnung. Dafür werde ich mich zunächst von dem Groll und der Verzweiflung verabschieden müssen, die der Erkenntnis innewohnen, dass ich mein altes Leben nicht mehr zurückholen kann. Ich darf mich nicht an die Vergangenheit klammern, das Leben, das ich einst gelebt und beherrscht habe. Ich muss innerlich davon frei werden. Und ich weiß jetzt: Mein Leben bis zur Diagnose war ein unfassbar großzügiges Geschenk. Daher wäre es nicht richtig, Gott anzuklagen, warum er mich nicht vor Krankheit bewahrt hat.

Gestern stand ich bereits an der Tür zu meinem zweiten Leben. Ich war nur nicht schnell genug, um einzutreten, bevor die Angst zurückgekehrt ist und mir den Zugang erneut verstellt hat. Auch die Kopflosigkeit hatte sich erneut eingestellt, ich war orientierungslos durch den frühen Morgen gelaufen, von der irrwitzigen Idee beseelt, ich könnte meine Ängste personalisieren und mich ihnen stellen. Aber da war rein gar nichts, nichts, was ich hätte dingfest machen können.

Beim Abstieg von Paciano hinab in das Tal wird mir langsam klar, dass die Angst ein wichtiger Teil von mir ist. Ein uralter Instinkt, der allen Lebewesen in Momenten äußerster Gefahr hilft, ihre motorischen und geistigen Fähigkeiten auf einen Schlag zu mobilisieren, um den Angriff auf das eigene Leben wirksam abzuwehren. Die Angst darf also nicht bekämpft werden. Im Gegenteil, es ist zu hinterfragen, worauf sie mich aufmerksam machen will. Die Antwort liegt auf der Hand: Sie will mich schützen und mir einen Weg zeigen, zukünftig besser auf mich aufzupassen. Die Tür, die mir die Angst gestern noch verstellt hat, öffnet sich in dieser Erkenntnis weit und einladend. Tom, der sich meine Ausführungen schweigend, aber mit einem vielsagenden Lächeln in den Mundwinkeln anhört, sagt nur einen einzigen Satz: »Das zweite Leben beginnt, wenn du erkennst, dass du nur eines hast!«

Unterhalb von Paciano hören wir mitten im Wald ein Rufen. Es kommt aus dem Garten eines Landhauses. Ein älteres Ehepaar lädt uns zu einem Kaffee in den mit unzähligen Margeriten übersäten Garten ein. Aufgewühlt von der seelischen Berg-und-Tal-Fahrt der vergangenen Stunden bin ich heute äußerst kontaktscheu. Aber die Vertrautheit, mit der unsere beiden Gastgeber miteinander umgehen, öffnet mir das Herz. Es ist einfach rührend, wie beide sich auch noch in hohem Alter ansehen, alles an ihnen zeugt von gegenseitiger Liebe und Respekt. Ein sehr seltenes Bild, die Schönheit der Menschlichkeit.

ARC'TERYX

23. MÄRZ // SICH EINLASSEN

Wie ein Stein bin ich gestern ins Bett gefallen und fühle mich heute fit und ausgeruht. Nach dem Frühstück steigen wir in das Tal des Flusses Chiani ab. Bis Ficulle, dem Ziel unserer heutigen Etappe, sind es knappe 22 Kilometer, von Rom trennen uns noch 207 Kilometer. Ich habe den Eindruck, knapp vor dem Ziel meiner inneren Reise zu stehen. Zum einen habe ich gelernt, mich nicht länger in die Dunkelheit zurückzuziehen und mich darin einzuschließen. Ich habe aufgehört, mit meinem Schicksal zu hadern, und die Angst als Helfer auf meinem Weg wahrgenommen. Ein zweites Leben liegt vor mir! Dieses kann ich nur beginnen, wenn ich das erste Leben hinter mir lasse.

Langsam verstehe ich, dass ich die Lebensumstände radikal verändern muss. All der unnötige Ballast muss weg. Die vermeintlichen Verpflichtungen, die Verschwendung von Zeit und Kraft. Das muss aufhören! Die meiste Zeit habe ich mich bislang um andere gekümmert, nahezu jedem, der mich fragte, bei der Bewältigung seiner Probleme geholfen. Und ich habe das Lösen der Probleme anderer sogar zu meinem Beruf gemacht. Zukünftig muss ich viel stärker als bisher an mich selbst denken und meine Bedürfnisse im Blick behalten.

Ist das nicht furchtbar egoistisch und lieblos? Da ist sie wieder, die innere Stimme, die vieles infrage stellt und mich zurückhält. »Nein«, sage ich halblaut. Wir sind auch dazu aufgerufen, uns selbst zu lieben. Und ich will meine Bemühungen für andere ja auch nicht komplett einstellen. Worauf ich aber Wert lege, ist es, einen anderen Rahmen zu setzen. Ich muss mich in meinem Handeln stärker fokussieren. Denn ich weiß: Meine Zeit ist endlich.

Als sich Tom nach mir und Tiento umdreht, schießt mir durch den Kopf, dass ich mir die Last meiner gesamten stolzen Erkenntnisse der letzten Tage hätte sparen können, wenn ich nur auf ihn gehört hätte. Er wollte mich an seinen Erkenntnissen teilhaben lassen. Schon in Rovigo hatte er erste Versuche unternommen, mir seine Gedanken nahezubringen, war aber bei mir auf Granit gestoßen. Ich hatte zu diesen Überlegungen noch keinen Zugang gefunden, mir fehlte die Offenheit. Ich war zu feige, über meine gesundheitliche Situation, den mir anhaftenden Makel, zu sprechen, das war alles.

Inzwischen sind wir im Tal angekommen und folgen dem Flusslauf durch mächtige Eichenwälder. Durch die laublosen Bäume scheint uns die Sonne ins Gesicht. Auf einer Wiese machen wir Rast. Tom bietet mir ein Stück Schokolade an und fragt mich eher beiläufig: »Und, bist du weitergekommen?« Ich entgegne ihm lachend, dass ich gedanklich gerade dabei sei, mein Leben auf den Kopf zu stellen, gefühlt eine Herkulesaufgabe. Er grinst.

Abbadia S. Nicola al Monte Orvietano. Wir stehen vor einer halb verfallenen Klosteranlage, 1007 n. Chr. von Kamaldulensern gegründet. Ein mystischer Kraftort, dessen Wirkung auf uns von den Strahlen der Abendsonne noch verstärkt wird. Als wir uns auf einen Mühlstein setzen, der vor der Kirche liegt, rührt sich mein Telefon. Tom hat mir eine Textnachricht mit einem Essay von Ricardo Gondim geschickt:

Meine Seele hat es eilig.

Ich habe meine Jahre gezählt und festgestellt, dass ich weniger Zeit habe zu leben, als ich gelebt habe.

Ich fühle mich wie dieses Kind, das eine Schachtel Bonbons gewonnen hat: Die ersten isst es mit Vergnügen, aber als es merkt, dass nur noch wenige übrig sind, begann es, sie wirklich zu genießen. Ich habe keine Zeit für endlose Konferenzen, bei denen die Statuten, Regeln, Verfahren und internen Vorschriften besprochen werden, in dem Wissen, dass nichts erreicht wird.

Ich habe keine Zeit mehr, absurde Menschen zu ertragen, die ungeachtet ihres Alters nicht gewachsen sind.

Ich habe keine Zeit mehr, mit Mittelmäßigkeiten zu kämpfen.

Ich will nicht in Besprechungen sein, in denen aufgeblasene Egos aufmarschieren. Ich vertrage keine Manipulierer und Opportunisten.

Mich stören die Neider, die versuchen, Fähigere in Verruf zu bringen, um sich ihrer Positionen, Talente und Erfolge zu bemächtigen.

Meine Zeit ist zu kurz, um Überschriften zu diskutieren. Ich will das Wesentliche, denn meine Seele ist in Eile. Ohne viele Süßigkeiten in der Packung.

Ich möchte mit Menschen leben, die sehr menschlich sind.

Menschen, die über ihre Fehler lachen können, die sich nichts auf ihre Erfolge einbilden.

Die sich nicht vorzeitig berufen fühlen und die nicht vor ihrer Verantwortung fliehen. Die die menschliche Würde verteidigen und die nur an der Seite der Wahrheit und Rechtschaffenheit gehen möchten.

Es ist das, was das Leben lebenswert macht. Ich möchte mich mit Menschen umgeben, die es verstehen, die Herzen anderer zu berühren. Menschen, die durch die harten Schläge des Lebens lernten, durch sanfte Berührungen der Seele zu wachsen.

Ja, ich habe es eilig, ich habe es eilig, mit der Intensität zu leben, die nur die Reife geben kann. Ich versuche, keine der Süßigkeiten, die mir noch bleiben, zu verschwenden. Ich bin mir sicher, dass sie köstlicher sein werden als die, die ich bereits gegessen habe.

Mein Ziel ist, das Ende zufrieden zu erreichen, in Frieden mit mir, meinem Leben und mit meinem Gewissen.

Wir haben zwei Leben, und das zweite beginnt, wenn du erkennst, dass du nur eines hast.[3]

Was für ein Text! Darum geht es! Sich mit Menschen zu umgeben, die es verstehen, die Herzen anderer zu berühren. Durch die harten Schläge des Lebens lernen und durch sanfte Berührungen der Seele wachsen.

Tom hat sein typisches, vieldeutiges Lächeln aufgesetzt. Walter schaut zufrieden ins Tal hinab. Dass zwei so besondere Menschen mit mir auf diesem Weg in mein zweites Leben unterwegs sind, gibt mir ein gutes Gefühl.

24. MÄRZ // VOM UMGANG MIT ZEIT

Wir sind zu Gast bei einer etwas exzentrischen, aber sympathischen Mittfünfzigerin, Paola, die sich hier in das Landhaus ihrer verstorbenen Eltern, nicht weit von dem Kamaldulenser-Kloster, in ein Eremitendasein zurückgezogen hat. Jahrelang hat sie sich um in Not geratene Tiere gekümmert, sie hier gepflegt und dann wieder ausgewildert. Inzwischen ist sie dafür, wie sie uns sagt, zu alt. Aber unsere drei Wiederkäuer sind gestern Abend in den Genuss ihrer Tierliebe gekommen.

Auf dem Anstieg nach Ficulle schlagen wir eine ambitionierte Gangart an, die Lamas treiben sich gegenseitig den Hang hinauf. Wieder einmal werden wir vom Bürgermeister erwartet und steuern auf den zentralen Marktplatz zu. Diesem Vorhaben stellt sich jedoch ein Gemeindepolizist entgegen. Zunächst will er wissen, ob wir überhaupt die entsprechende Erlaubnis eingeholt hätten, die Stadt mit Reittieren zu durchqueren. Abgesehen davon sei dies auch nicht möglich, da der einzige Weg zum Platz in falscher Richtung durch eine Einbahnstraße führt. Obwohl Walter erklärt, dass unsere Wiederkäuer keine Reittiere seien und der Bürgermeister auf uns warte, lässt sich der wackere Ordnungshüter nicht umstimmen. Erst als Tom auf seinem Mobiltelefon die Nummer des Stadtoberhaupts wählt und den Polizisten bittet, das doch alles besser selbst dem Bürgermeister zu erklären, gibt sich der Mann geschlagen. Aber er lässt es sich dann auch nicht nehmen, uns persönlich zu führen. Er marschiert voraus und verscheucht mit Polizeikelle und Trillerpfeife alle Fahrzeuge, die uns in die Quere kommen.

Als wir mittags aus Ficulle aufbrechen, haben wir bis nach Orvieto noch knappe 25 Kilometer vor uns. Der Weg ist leicht, wir genießen die Wärme und haben Zeit und Lust, unser Ge-

spräch vom Vortag fortzusetzen. Tom berichtet, dass er sich auf unserem gemeinsamen Weg in Richtung Süden zunächst ausführlich mit dem Thema Geschwindigkeit auseinandergesetzt hat. Durch die beruflichen Anforderung und die Notwendigkeit, die knappe, neben der Arbeit noch verbleibende Zeit richtig zu »investieren«, sei es für ihn irgendwann zur Gewohnheit geworden, alles unter der Maßgabe von Effizienz und einer äußerst limitierten Verfügbarkeit der kostbaren Ressource zu tun. Dies hätte am Ende dazu geführt, dass ihm die lustvolle Seite vieler an und für sich erfreulicher Aktivitäten verloren gegangen sei. Wenn ständig eine schier nicht zu bewältigende Liste von Aufgaben wartet, die es scheinbar alle verdient haben, dringend abgearbeitet zu werden, geht die Freude am Augenblick verloren. Durch richtige Planung und konsequente Priorisierung könnte man dem Phänomen der Zeitknappheit durchaus beikommen. Auch dringende Dinge seien eben nicht alle gleich wichtig. Aber schöner wird das Leben dadurch nicht. Wir müssen uns über das unangemessen hohe Tempo, dem jeder von uns in seinem beruflichen Alltag ausgesetzt ist, Gedanken machen.

Noch kurz vor der Pilgerreise hatte Tom ein zeitkritisches, anspruchsvolles unternehmerisches Projekt abgeschlossen. Es war knapp, aber er hat es geschafft. Dann war er aus dem ständigen Takt unternehmerischer Notwendigkeiten herausgetreten und mit uns losgelaufen. Hätte er im gleichen Rhythmus weitergemacht, wäre er im Eilschritt nach Rom gelaufen. Seine körperliche Verfassung hätte ihm eine solche sportliche Spitzenleistung sicherlich möglich gemacht. Und vermutlich hätte er dann für die rund 1000 Kilometer lange Wegstrecke nur die Hälfte an Zeit gebraucht. Den dadurch gewonnenen Freiraum könnte er für ein anderes Abenteuer nutzen … Aber wäre das sinnvoll?

Tom lächelt und fährt dort: »Glücklicherweise haben uns die drei Wiederkäuer einen Strich durch die Rechnung gemacht, irgendetwas beschleunigen zu können. Sie haben Geschwindigkeit herausgenommen, und der innere Takt änderte sich von einem Moment auf den anderen.« Es sei ihm ein willkommener Zwang, diesem Tempo, das sein Leben und Handeln über lange Zeit beherrschte, abzuschwören. Die Erfahrung der Langsamkeit habe ihm die Augen geöffnet. Es könne nicht immer darum gehen, jedes Ziel auf dem kürzesten Weg zu erreichen, da man ansonsten aufhöre, den Weg selbst und all das Schöne unterwegs wahrzunehmen. Jene Dinge, die sich auf den ersten Blick nicht erschließen, dann aber bei genauerem Hinsehen von unerwarteter Bedeutung seien.

Wir alle drei sind in einem Alter, in dem wir Unnützes erkennen, sehr oft schon in kürzester Zeit bemerken, dass wir uns von Menschen beeinflussen lassen, deren Verhaltens- und Denkweisen nicht mit den unseren zusammenpassen. Es gelte, wählerisch zu sein, Entscheidungen zu treffen.

Auch Walter erzählt von Rastlosigkeit und Stress. Manchem könne man sich gar nicht entziehen. Arbeitsabläufe auf dem Hof stünden zumeist fest, viele Arbeiten könne nur er selbst leisten – oder es werde von ihm verlangt. Als Lama- und Alpakazüchter habe er eine Vielzahl von Kunden, deren Erwartungen er nicht enttäuschen dürfe. Und manchmal frage er sich, wo er selbst bei all dem bleibt.

Ich weiß, dass ich mich in der Vergangenheit sehr oft mit vollkommen unnötigen Dingen und auch oftmals extensiv mit Leuten abgegeben habe, die nur nahmen, aber mir nichts geben konnten. Dass einem dies auf Dauer jede Energie rauben kann, liegt auf der Hand. Selbstschutz hat nichts mit Egoismus zu tun. Es gilt, die richtige Balance zu finden und sich für das Richtige zu entscheiden. Mir drängt sich die Frage auf, wie mein Umfeld mit meiner neuen inneren Einstellung zurechtkommen wird.

Von Bardano aus sehen wir in der spätnachmittäglichen Sonne das auf einem Tuffsteinfelsen gebaute Orvieto mit seinen Stadtmauern. Der Dom ragt in riesigen Dimensionen aus dem Häusergewirr.

Auf dem neu erbauten Eisenbahnviadukt fliegt der Schnellzug Freccia d'Argento förmlich über unsere Köpfe hinweg. Das laute Pfeifen des Luftwiderstandes folgt seinem Weg. Mit diesem Zug kann man Rom von Bozen aus in viereinhalb Stunden erreichen. Aber dieses Wahrzeichen des modernen Italien will so gar nicht in die alte Kulturlandschaft passen, die wir mit unseren Lamas gemächlich auf dem mittelalterlichen Pilgerweg begehen. Man kann sicherlich viel Zeit sparen, wenn man den Zug nimmt. Aber was haben wir an den 33 Marschtagen, die hinter uns liegen, für Erfahrungen gemacht! In den zahlreichen Begegnungen, der Beschäftigung mit uns selbst und unseren Tieren.

Unser Ziel ist ein Agriturismo auf einem Hügel etwa zwei Kilometer nordwestlich vor Orvieto. Wir erreichen es in der Abendsonne. Ein wunderbarer Anblick. Mir wird klar: Intensives Leben ist nur in entschleunigter Form möglich.

25. März // »Siehe, dein König kommt …«

Auch wenn wir uns der Langsamkeit verschrieben haben – beim Frühstück kommt Hektik auf, denn unsere Gastgeber drängen uns zum Aufbruch. Bald beginnt der Palmsonntagsgottesdienst mit einer Prozession, und wir haben noch sechs Kilometer Fußmarsch bis in die Stadt vor uns.

Wer denkt, wir gehen in die Stille, wenn wir die Kirche aufsuchen, irrt. Als wir mit unseren drei mit Olivenzweigen geschmückten Lamas im Zentrum Orvietos erscheinen, empfängt uns jahrmarktähnlicher Jubel. Es gibt kaum ein Durchkommen durch die unerbittliche Masse der fotografierenden und johlenden Schaulustigen.

Als wir auf den Platz vor den Dom treten, bin ich für einen Moment sprachlos. Uns bietet sich der Blick auf eine Fassade von unvorstellbaren Dimensionen, reich geschmückt mit goldunterlegten Mosaiken, die das Leben Mariens illustrieren. Vor dem riesigen Portal beinahe verloren steht der Pfarrer in Erwartung des Bischofs, der heute die Messe mit ihm zelebrieren wird. Er hat soeben die in der Kirche vorbereiteten Palmzweige, hier sind es Olivenbaumzweige, gesegnet. Wir erklären ihm unseren kuriosen Auftritt und bitten um Abstempelung unserer Pilgerheftchen. Er kann uns leider den Wunsch nicht erfüllen, denn er hat keinen Stempel dabei. Aber er spendet uns den Pilgersegen. Der ganze Platz vor der Kirche hört mit, als er die Segensformel feierlich ins Mikrofon spricht. Das Abstempeln der Pilgerbüchlein hat die inzwischen herbeigeeilte Vizebürgermeisterin übernommen.

So stehen wir mit unseren drei geschmückten Lama-Hengsten auf den Stufen des Portals, werden von den umstehenden Gläubigen wie Popstars bejubelt und fotografiert. Die stilisierten Heiligen Drei Könige, die keine sind. Ein für diesen Tag ungewollt unpassender Auftritt – und welch Gegensatz zum Einzug Jesu in Jerusalem, der bescheiden und demütig auf dem Rücken eines Esels aufgetreten war.

Glockengeläut hebt an. Pfarrer und Ministranten sind unbemerkt verschwunden, haben Aufstellung genommen und treten jetzt feierlich aus der Kirche, voran ein riesiges Holzkreuz. Die Prozession hat begonnen.

Die Lamas haben wir unseren Gastgebern anvertraut und reihen uns nun in voller Ausrüstung mit Pilgerstab und Rucksack in die Prozession ein. Neugierige Blicke heften sich auf uns, eine junge Dame neben mir spricht mich auf den verrosteten Schlüssel an, der an meinem Rucksack hängt. Das sei doch das Symbol der Rompilger, ob wir tatsächlich auf der Via Romea Germanica von Bozen nach Rom unterwegs seien?

Erst als der uralte Prozessionshymnus angestimmt wird, verstummt sie:

Gloria, laus et honor tibi sit, Rex Christe, Redemptor,
cui puerile decus prompsit Hosanna pium.

Ruhm, Preis und Ehre sei Dir, Erlöser und König.
Jubelnd rief einst das Volk sein Hosanna Dir zu.

Bei Eintritt in das Kircheninnere bin ich wie erschlagen. Was für ein Raum! Welche Dimensionen! Welches Licht! Alles eingetaucht in Rot, die liturgische Farbe der Karwoche. Als der Chor mit engelsgleichen Altstimmen zu singen anfängt, laufen mir die Tränen über die Wangen. Irgendetwas hat mich zutiefst in meiner Seele berührt. Erst als uns gesegnete Olivenbaumzweige übergeben werden, kann ich mich wieder einigermaßen fangen. Die letzten Tage hatte ich um Erkenntnis gekämpft, hatte mich nicht geschont und habe Seiten an mir entdeckt, die ich vorher gar nicht kannte. All dies ist in dem einen Moment, als ich die Kirche betrat, auf mich eingebrochen und hat mich überwältigt.

»Gott der Herr hat mir das Ohr geöffnet. Ich aber wehrte mich nicht und wich nicht zurück.« Tatsächlich, ich hatte es zugelassen, mich geöffnet, und Erkenntnis war mir zuteilgeworden.

Als wir zur Eucharistie niederknien, klingen die Worte der zweiten Textlesung aus dem Brief des Paulus an die Philipper in mir nach: *»Er war Gott gleich, hielt aber nicht daran fest, Gott gleich zu sein, sondern er entäußerte sich und wurde wie ein Sklave und den Menschen gleich. Sein Leben war das eines Menschen; er erniedrigte sich und war gehorsam bis zum Tod am Kreuz. Darum hat ihn Gott über alle erhöht und ihm den Namen verliehen, der größer ist als alle Namen …«*

Da ist es wieder, das Bild, das mich seit Ravenna umtreibt: das Bild dessen, der das größte Opfer für die Menschen bringt – sein Leben hingibt. Und der damit zu unserem Erlöser wird. Am Palmsonntag hat dieser Weg in die Erniedrigung seinen Anfang genommen. Die untrennbare Verbindung zwischen Leben und Tod.

Als mir die Gläubigen zum Zeichen des Friedens die Hand reichen und dabei auch ihrer Achtung und Freude über unser Vorhaben Ausdruck verleihen, zweifle ich erstmals nicht mehr, in der Pilgerreise einen mir eigenen Sinn finden zu können. Ich habe kein schlechtes Gewissen mehr und brauche mich nicht länger hinter einer Fassade zu verstecken, die so oft meine innere Leere verbergen musste.

26. MÄRZ // EITELKEITEN

Heute stoßen zwei Kameramänner des italienischen Fernsehsenders RAI zu uns. Sie wollen einen Dokumentarfilm über uns drehen und begleiten uns deswegen ein Stück auf unserem Weg. Unser Etappenziel ist ein mittelalterliches Städtchen, erbaut auf einem Tuffsteinfelsen: Civita di Bagnoregio, die Geburtsstadt des hl. Buonaventura. Wir sind auf einen gemütlichen Pilgertag eingestellt, bis zu unserem Tagesziel sind es etwas mehr als 25 Kilometer zu gehen.

Auf der Terrasse der ins Grüne eingebetteten Abtei San Crispino, wo wir Station machen, eröffnet sich an diesem klaren, lichtdurchfluteten Tag ein herrlicher Blick auf Orvieto. Ein Franziskaner grüßt freundlich und lädt uns zu einer kurzen Besinnung in den Kreuzgang des Klosters ein. Eine Aufforderung, der Tom und ich gerne nachkommen. Mittags werden wir von örtlichen Freunden der Via Romea Germanica überrascht, sitzen lachend und essend mit ihnen in der Sonne. Erst spät brechen wir auf nach Lubriano. Die Kameraleute sind verschwunden.

Walter wird jetzt langsam nervös. Wir verstehen seinen Stimmungsumschwung nicht. Er treibt uns an, in knapp zwei Stunden schaffen wir die zwölf Kilometer lange Wegstrecke nach Lubriano. Von dort aus haben wir in der spätnachmittaglichen Sonne einen herrlichen Blick auf das mittelalterliche Städtchen Civita di Bagnoregio. Auf einem riesigen Tuffsteinfelsen erbaut, liegt es wie eine Insel mitten in einem Meer von durch Erosion entstandenen Kratern, die aussehen, als wären es brandende Wellen. Wir sind zunächst bester Laune. Als Walter jedoch versteht, dass man die in Luftlinie eineinhalb Kilometer entfernte Stadt nicht direkt durch das vor uns liegende Tal erreichen kann, sondern einen etwa sechs Kilometer langen Umweg über die Hügelkette nach Bagnoregio in Kauf nehmen muss, ist seine Stimmung am Nullpunkt. Seit er im Pilgerführer das Bild der Civita di Bagnoregio gesehen hatte, wünschte er sich Aufnahmen mit seinen Lieblingen vor der

fantastischen Kulisse des Städtchens im Licht der untergehenden Sonne. Jetzt stehen wir kurz vor dem Ziel, alles liegt anscheinend in greifbarer Nähe. Und dann das. Bestimmt brauchen wir noch eine Stunde bis auf die andere Talseite, wo die Aufnahmen entstehen sollen. Die Kameraleute sind nirgendwo zu sehen, die Sonne geht gleich unter. Wenn wir es nicht rechtzeitig schaffen, ist die Chance vertan.

Beinahe im Laufschritt treibt Walter uns und die drei Lama-Hengste über die Hügel zur östlichen Seite der Stadt. Die Lichtverhältnisse sind genau richtig, der Tuffsteinfelsen leuchtet rötlich in der Abendsonne. Nachdem alle Bilder von den Lamas und uns gemacht und auch die Filmaufnahmen im Kasten sind, fällt endlich die Anspannung von Walter ab. Er hat sein Ziel erreicht. Die Lamas, Tom und ich fragen uns hingegen, was das denn jetzt sollte.

Es ist ein unbeschreibliches Gefühl, als wir in schwindelnder Höhe über die schmale Fußgängerbrücke das Stadttor erreichen. Die Tagestouristen haben die Stadt verlassen. Wir betreten eine Art mittelalterliches Freilichtmuseum, machen die Lamas an historischen Pferdehaken auf einer Grünfläche fest. Wasser und Heu stehen schon bereit.

Beim Abendessen lachen wir gemeinsam über den Anflug von Eitelkeit.

Es war wie eine Reise in die Hektik des Alltags, stellen Tom und ich schmunzelnd fest.

27. MÄRZ // DIE STERBENDE

Beim Frühstück in der einzigen Bar des Städtchens erläutert uns die Wirtin das Problem der mittelalterlichen Ansiedlung: Der Tuffsteinfelsen, auf dem die Stadt erbaut wurde, ist einer unaufhaltsamen Erosion durch die auf ihn einwirkenden Witterungsverhältnisse ausgesetzt. Diese habe bereits ganze Gebäudeteile der mittelalterlichen Bebauung in den Abgrund gerissen. Eine Stadt, die zum Sterben verurteilt ist.

Was bleiben wird, ist die Erinnerung an ihre historische Bedeutung, insbesondere die Blütezeit im frühen Mittelalter, als Giovanni Fidenza, genannt Buonaventura, der im Jahr 1218 geboren wurde, hier wirkte. Franziskus von Assisi hatte ihn auf wundersame Weise von einer Krankheit geheilt, an der er schon von Kindesbeinen an litt. Aus Dankbarkeit und tiefer Ehrfurcht vor seinem Retter hat Buonaventura später die Regel des jungen Franziskanerordens erarbeitet und schließlich die Biografie des hl. Franziskus, die sogenannte »legenda maior«, verfasst.

Im morgendlichen Sonnenschein steigen wir den Tuffsteinfelsen hinab. Der etwa 16 Kilometer lange Weg nach Montefiascone führt über eine menschenleere Hochebene mit ausgedehnten Weideflächen, die von Schafherden bevölkert werden. Unsere drei tierischen Weggefährten fühlen sich hier sichtlich wohl. Die Schafe, die wir meist in gehöriger Distanz passieren, stören sie in keinster Weise. Als wir jedoch in einem engen Tal auf die nächste Herde treffen, werden die Distanzen kürzer. Die zwei Schäferhunde sind ob unserer Lamas in heller Aufregung. Sie können die Gefahr, die von den exotischen Wiederkäuern ausgeht, nicht einschätzen, gehen in Verteidigungsmodus über und zeigen, was sie gelernt haben. Einer der beiden

Hunde treibt mit lautem Gebell die Herde zu einem dichten Kreis zusammen, während der andere sich zwischen die Schafe und unsere Lamas stellt. Dabei demonstriert er wilde Entschlossenheit, uns keinen Schritt näher kommen zu lassen. Wir sind gezwungen, die Herde mit erheblichem Abstand über den westlichen Talhang zu passieren. Argwöhnisch und laut bellend verfolgen uns die Hunde mit ihren Blicken. Erst als wir uns mehrere Hundert Meter entfernt haben, lösen sie den Schutzkreis um die Herde auf und geben Entwarnung an ihre Schützlinge.

Langsam erkennen wir vor uns in der Ferne eine Kuppel: den Dom Santa Margherita in Montefiascone; der drittgrößte kirchliche Kuppelbau in Italien nach S. Peter in Rom und S. Maria del Fiore in Florenz. In Montefiascone steuern wir aber erst einmal auf die im 12. Jahrhundert erbaute Kirche San Flaviano zu, die Stelle, an der sich die zwei wesentlichen Rompilgerwege, die Via Romea Germanica und die Via Francigena, der Pilgerweg der Franken und Angelsachsen, vereinigen und bis Rom derselben Streckenführung folgen. Nach kurzem Gebet treten wir auf den Vorplatz der Kirche. Wir treffen auf ein Grüppchen junger Frauen, die die Lamas für sich in Beschlag genommen haben. Als wir sie fragen, wo wir übernachten könnten, setzen sie alle Hebel in Bewegung, fragen Umstehende und telefonieren unaufhörlich. Nach einer halben Stunde ist alles organisiert. Unsere Lamas werden in einem weitläufigen Garten übernachten. Wir selbst sind im Kloster der Benediktinerinnen in der Altstadt angemeldet. Hektisch versorgen wir die Lamas, denn die Pforte der Benediktinerinnen schließt um 21 Uhr. Ab diesem Zeitpunkt ist es verboten, das Kloster zu betreten oder zu verlassen. Eine freundliche farbige Ordensschwester empfängt uns und zeigt uns unser Nachtquartier.

28. MÄRZ // FREUNDSCHAFT

Ausschlafen ist nicht möglich, die Ordensschwestern haben einen rigiden Zeitplan, an den sie sich im Umgang mit ihren pilgernden Gästen halten. Frühstück gibt es *um* 7 Uhr, nicht *ab* 7 Uhr. Mit lautem Schnarren öffnet sich das Schloss an der Klosterpforte, die gestrenge Mutter Oberin hat den Befehl dazu erteilt und uns mit freundlichen, aufmunternden Worten verabschiedet.

Die Lamas sehen uns noch nicht einmal an, als wir in ihr weitläufiges Lager kommen, um nach dem Rechten zu sehen. Sie grasen vergnügt weiter. Wir wollen sie nicht stören. Auf dem Stadtplatz, der Piazza Vittorio Emanuele, prangt am Gebäude zum Durchgang hinauf zur Rocca dei Papi die Inschrift: »Via Franchigena – 100 Kilometer alla tomba di San Pietro«, » … – 100 Kilometer bis zum Grab des hl. Petrus«. In vier Tagen könnten wir in Rom sein, welch ein großartiges Gefühl! Wir sind gut in der Zeit und beschließen daher, einen Ruhetag einzulegen.

Ich habe Lust auf tiefere Gespräche. Mir will jedoch nicht recht einfallen, wo ich beginnen soll. Also fange ich erst einmal damit an, mich bei Walter zu entschuldigen, dass ich ihn nicht schon vor Abreise über meinen Gesundheitszustand informiert habe. Er schaut mich entgeistert an und meint, dass dies wohl nicht mein Problem sein sollte. Es freue ihn, dass ich gerade trotz Erkrankung mitgekommen sei. Außerdem verstehe er nicht ganz, was ich damit bezwecken würde, ich sei ja wohl nicht durch die Krankheit in meiner Leistungsfähigkeit eingeschränkt gewesen und hätte doch bewiesen, mithalten zu können. Jetzt habe ich das Thema ein für allemal überwunden.

Im Restaurant Miralago dürfen wir uns nach dem Mittagessen auf die noch nicht für das Publikum geöffnete sonnige Terrasse mit Postkartenblick auf den Bolsenasee setzen.

Walter sagt, dass er die in all diesen Tagen gewachsene Kameradschaft zwischen uns dreien, die sich auch auf die Tiere erstreckt habe, als ungeheures Geschenk empfinde. Es sei ihm von Anfang an bewusst gewesen, welch unterschiedliche Charaktere wir seien, noch dazu ausgewachsene Alphatiere. Wären wir Lamas, hätten wir uns bestimmt bis auf das Blut bekämpft, um die Führungsrolle zu entscheiden. Anders wir, die wir uns über den Weg aufeinander zu entwickelt hätten. In vielen Dingen hätten wir uns angeglichen.

Oft hätten Tom oder ich zurückstecken müssen, um ihn mit seinen Eigenheiten und Launen aufzufangen. Er weiß durchaus, wann er übertreibe, könne dann aber nicht mehr zurück. Wir hätten dies immer sehr schnell erkannt und äußerst gelassen darauf reagiert. Dafür ist er uns dankbar. Es bedeutet ihm viel. Ebenso dankbar ist er, wie gut wir mit seinen Tieren umgegangen sind. Man habe das Gefühl, die ganze seltsame Karawane sei zu einer verschworenen Pilgergemeinschaft zusammengewachsen, in der man Befinden und Schicksal des einen nicht losgelöst von dem des anderen sehen könne. Tiento hätte mich, für jeden mehr als offensichtlich, tief ins Herz geschlossen. Eigentlich sei das Tier aufgrund seines Trainingszustands für ihn lediglich zweite Wahl gewesen und wäre nicht für die Pilgerreise ausgewählt worden, hätte ich mich

nicht zur Teilnahme entschieden. Umso stolzer sei er, wie wir beide uns auf dem Weg entwickelt hätten. Anfänglich wäre er skeptisch gewesen, aber er habe schnell verstanden, dass wir beide eine Beziehung zueinander aufgebaut hätten, die uns vieles erleichtert hat.

Auch er habe bisher in seinem Leben immer um Erfolg kämpfen, sich immer wieder neu erfinden müssen – vom erfolgreichen Tischler über die Araberzucht bis hin zu seinem Lama-Hof. Ein mühsamer, langer Weg mit vielen Hürden sei es gewesen, genauso wie unser Pilgerweg. Beides habe er jedoch zum Erfolg führen können. Der Erfolg unserer Pilgerreise stehe für ihn bereits jetzt, 100 Kilometer vor Rom, fest. Maßgeblich habe er das auch uns zu verdanken. Die Mühen und Anstrengungen des Weges seien auf gefestigte Charaktere getroffen, die – wie er mit Begeisterung feststellen konnte – so wie er selbst gewohnt waren, nicht aufzugeben, Hindernisse zu überwinden. Charaktere, die stark genug waren, sich durch nichts beeinträchtigen zu lassen und sich auch keine übertriebenen Launen gestattet haben. Wir hätten erkannt, wie sehr man sich zurück nehmen müsse, wenn man Verantwortung für die Gemeinschaft und die einem anvertrauten Tiere hat. Mit uns an seiner Seite habe er jenen unerschütterlichen Glauben entwickeln können, dass wir die Lamas und uns unbeschadet über die Distanz bringen könnten. Einen Glauben, der es ihm ermöglicht hatte, jeden Morgen aufs Neue aufzustehen und mit Interesse und Neugier die Menschen und Orte des Weges auf sich zukommen zu lassen. Vertrautheit habe zu Vertrauen und bei ihm dann zu dem echten Gefühl von Freundschaft geführt. Was jetzt noch komme, das große Finale, könne er getrost auf sich zukommen lassen, nachdem ein ihm ganz wichtiges Ziel auf dem Weg bereits erreicht ist.

Tom und ich sind von dieser Laudatio an die Freundschaft tief beeindruckt. Beide wissen wir, dass dem nichts hinzuzufügen ist. Uns ist es genauso ergangen. Der Blick auf den Son-

Mit Freunden vom Verein Via Romea Germanica

nenuntergang über dem Bolsenasee verleiht dem Gefühl eine nachhaltige Tiefe.

»Jeder achte nicht nur auf das eigene Wohl, sondern auch auf das des anderen«, sagt Paulus in seinem Brief an die Gemeinde in Philippi.

Die drei jungen Damen, die uns gestern so hilfreich bei der Suche nach einer Unterkunft unterstützt haben, melden sich nun nochmals bei Walter. Sie würden die gestrige Einladung gerne annehmen und schlagen für ein gemeinsames Abendessen das Ristorante Miralago vor. Von dort hat man einen prächtigen Blick über den See.

Walter lacht – wir sind schon vor Ort. Und so verbringen wir auch den Abend im selben Restaurant und freuen uns über das sich entwickelnde intelligente und lebenslustige Gespräch in charmanter Gesellschaft künstlerisch und politisch engagierter Frauen. Es ist immer wieder diese Herzlichkeit der Begegnungen, die den Weg wertvoll macht.

29. MÄRZ // DER WEG AUS DEM IRRGARTEN

Als wir die Lamas von ihrer Weide vor dem Priesterseminar abholen, nieselt es leicht, und es ist wieder merklich kälter geworden. Die drei Jungs haben die Zeit genutzt, um sich prächtig zu erholen. Auf dem Weg aus der Stadt sind am heutigen Gründonnerstag kaum Menschen auf der Straße.

Toms Bruder Andreas und Kurt, ein alter Freund aus Gymnasialzeiten, sind gestern zu uns gestoßen, um uns bis Ostersonntag zu begleiten. Die heutige Etappe führt uns 18 Kilometer weit bis nach Viterbo. Bereits beim Abstieg aus der Stadt in die weitflächige Hügellandschaft des Latium sind die beiden Brüder in ein angeregtes Gespräch vertieft. Walter läuft gedankenverloren mit Luigi vorweg.

Kurt gesellt sich zu mir und will wissen, was die Pilgerreise in mir ausgelöst hat. Ich muss ihm gestehen, dass ich auch am 38. Marschtag immer noch nicht verstehe, was ich konkret an meinem bisherigen Leben ändern soll. Sicher, es sind Maßnahmen zu einer gesünderen Lebensführung zu ergreifen, es braucht mehr sportliche Betätigung. Und es gilt, die Seele für den Kampf gegen die Krankheit zu trainieren. Beruflich müsste ich endlich kürzer treten, seit Jahren halse ich mir zu viel auf. Meiner Familie müsste ich erklären, dass ich zukünftig mehr Zeit für mich benötigen würde. Von alten Gewohnheiten, es immer allen recht machen zu wollen, mich immer zuerst um die Belange anderer zu kümmern – davon muss ich mich insgesamt verabschieden. Denn wahrscheinlich kann all dies die medizinischen Maßnahmen, die bereits ergriffen wurden, und den Heilungsprozess positiv unterstützen.

Kurt, der meine Ausführungen mit sichtlich wachsender Skepsis verfolgt hat, greift ein. Ich sollte mir klar werden, mit welchen Menschen ich mich zukünftig nicht mehr abgeben will, und die benennen, die mir nichts geben würden.

Mir fällt keiner ein. Tatsächlich gibt es niemanden, den ich nicht ohnehin schon unbewusst aus meinem Umfeld gedrängt hätte. Kurt fragt weiter: Warum ich um Gottes willen meine Arbeit, die mir bis jetzt Erfüllung gegeben hat, einschränken möchte? Was ich denn mit der vermeintlichen Freiheit anfangen will, die ich vielleicht gewinne? Statt den Blick auf meine eigenen Bedürfnisse zu richten, sollte ich besser auf meine Familie aufpassen. Als Rechtsanwalt müsste mir doch klar sein, wie viele Ehen gerade von Paaren in unserem Alter zu Bruch gingen. Menschen, die ihr Gegenüber in den Jahren der Ehe verloren haben, weil irgendwann die persönliche Bindung und mit ihr die Möglichkeit weiterer gemeinsamer Entwicklung abbrachen. Menschen, deren Gemeinsamkeiten sich schließlich nur mehr in den alten Gewohnheiten erschöpften. Menschen, die das Gegenüber und dessen Bedürfnisse geringer einschätzten als die eigenen. Die nicht umeinander gekämpft, sondern unreflektiert die Zweisamkeit der eigenen Egozentrik geopfert haben.

Hatte der Papst, zu dem ich mich aufgemacht habe, nicht auch darauf hingewiesen? »Einige halten sich für groß, weil sie mehr wissen als die anderen, und sie befassen sich damit, sie zu fordern und zu kontrollieren, während doch in Wirklichkeit das, was uns groß macht, die Liebe ist, die den Schwachen versteht, umsorgt und hält.«[4]

Und was macht denn ein Leben wirklich aus? Ist nicht jeder Mensch mit seinem Wesen Teil mannigfaltiger Verbindungen? Das Leben ein Lernprozess aus Erfahrungen und Begegnungen mit Gutem und Schlechtem, mit Großem und Unscheinbarem, mit Annehmbarem und Unannehmbarem? Erst die daraus gewonnenen Erfahrungen hätten doch meine Persönlichkeit erst geformt.

Die Frage muss daher sein, ob ich mit der eigenen Person, mit mir selbst in allen Ausformungen zufrieden bin. Erst wenn man diese Frage für sich negativ beurteilt, ist es doch nötig, über die eigenen Bindungen und das gesamte Umfeld nachzudenken.

Kurt schaut mich an: Ob ich denn mit meiner Persönlichkeit nicht im Einklang sei? Natürlich kann er nicht erahnen, ob die Realität meiner Diagnose und die Erfahrung meiner Krankheit meine Persönlichkeit negativ verändert hat. Er sieht mich im Kampf zwischen verschiedenen Bewältigungsstrategien. Meine psychische Stabilität hätte mich doch, soweit er es beurteilen könnte, bisher immer zum richtigen Umgang mit Problemen und schließlich zu deren Überwindung geführt. Er sei zuversichtlich, dass mir das auch in dieser, wenn auch zugegebenermaßen ungleich verstörenderen, Situation gelingen wird. Die Ansage ist deutlich.

Der Weg nach Rom scheint mir inzwischen kurz, während mein innerer Weg mich durch einen Irrgarten führt, aus dem ich nicht entkomme. Ich werde einen Ariadnefaden benötigen, um den Ausweg zu finden, auch wenn ich spüre, dass das Wesentliche zum Greifen nahe ist.

Die Via Cassia, der wir auch heute folgen, verbindet seit den Zeiten der antiken römischen Republik die Städte Florenz, Bolsena, Chiusi, Arezzo und Rom. Im Römischen Reich hatte sie sich zu einer veritablen Lebensader entwickelt: Soldaten, Reisende, Händler und Fracht trafen auf ein ausgeklügeltes System an Poststationen, an denen Pferde und Wagen getauscht werden konnten, und Raststätten, die Verpflegung und Unterkunft sicherstellten. Wir laufen über schwere Steinplatten, die die Jahrhunderte überdauert haben.

Das Wetter hat mit zunehmendem Wind aufgeklart, nach eineinhalb Stunden Marsch kann ich bereits Viterbo erkennen.

Wieder ist der vermeintlich errungene finale Fortschritt in meiner Erkenntnis zu einem kleinen Etappenziel geschrumpft. Immer wenn ich mit mir hadere, denke ich an meine schicksalhafte Begegnung mit der Frau im Suganertal, deren Fackel der Hoffnung nach Rom zu tragen ich mich verpflichtet hatte. Eine Hoffnung, zu der ich selbst kurz vor Rom immer noch keinen Zugang gefunden habe. Von der Offenheit, mit der sie mir vom Leid ihres Mannes berichtete, war ich damals überwältigt worden. Was mich zutiefst getroffen hatte, war das Gefühl des Mitleids mit ihr und ihrem Mann. Ich konnte deren Leiden in besonderer Weise verstehen, weil ich eine ähnliche Erfahrung gemacht hatte, weil ich wusste, wie es sich anfühlte, wenn einem alles, was bisher Sicherheit bot, plötzlich abhandenkam, wenn eine todbringende Krankheit nach dem Leben griff.

Ich konnte zum Fackelträger ihrer Hoffnung werden, weil ich ihr Leiden teilte und mit ihnen litt. Seitdem bin ich ihnen so etwas wie ein Gefährte in der Einsamkeit ihres Leidens, das ist der Initialpunkt der inneren Verbindung zwischen uns.

Die Krankheit muss angenommen und kann nur in der Hoffnung überwunden werden. Als Erkenntnis verbleibt, dass mir weder die Kompensation, die Vermeidung oder die Unterwerfung vor der Krankheit eine Verarbeitung ermöglichen wird. Ich hatte bis jetzt jede dieser Methoden zur Bewältigung meines

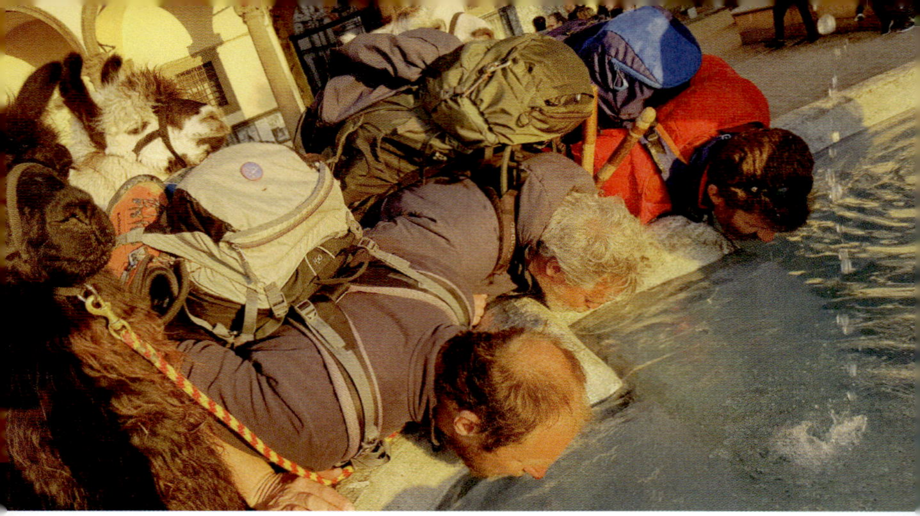

Problems angewandt, keine davon hat mich aus dem Irrgarten geführt. Um den Ausweg zu finden, werde ich keinen Ariadnefaden brauchen. Ich meine inzwischen den Weg zu kennen. Und die Enttäuschung über das Scheitern der bisherigen Ansätze ist einer Neugierde auf das Kommende gewichen.

Nach etwa elf Kilometern erreichen wir die Terme del Bagnaccio, eine kleine Thermaleinrichtung mit drei Becken, in denen das schwefelhaltige Wasser der heißen Quellen aufgefangen wird. Am Eingang ein Hinweis: »Das Betreten der Therme mit Haustieren ist strengstens untersagt.«

Walter will es wissen, er ruft der Kassiererin zu: »Vier Erwachsene und drei Lamas.« Sie lacht und winkt ab. Walter möchte warten und sehen, was passiert. Und tatsächlich: Nach kürzester Zeit sind die Badegäste auf unsere tierischen Mitpilger aufmerksam geworden und strömen in Massen aus der Thermaleinrichtung hinaus auf den Vorplatz. Der Betreiber hat ein Einsehen, öffnet die Tore im hinteren Bereich der Anlage und lässt uns mit den Tieren ein. Walter grinst diebisch. Dann ziehen wir uns aus und legen uns in die etwa 38 Grad heißen Becken mit Blick auf Viterbo, während unsere drei Jungs auf der angrenzenden Wiese friedlich grasen. Die Sonne scheint uns sprichwörtlich ins Gesicht, perfektes Pilgerglück fünf Kilometer vor dem Ziel.

Unser Einzug in die Stadt fällt in die Zeit des abendlichen Berufsverkehrs. Wieder spielen sich unglaubliche Szenen ab. Auf der Via Cassia, die hier zur dicht befahrenen Einfallstraße wird, der wir auf dem Fußgängerweg folgen, bremsen Fahrzeuge, um Fotos zu schießen. Nachfolgende Wagen können nur durch Notbremsungen mit quietschenden Reifen Auffahrunfälle vermeiden. Als wir der Hölle des Verkehrs entkommen und die mittelalterliche Altstadt erreichen, bilden sich auch hier schnell Trauben von Schaulustigen. Auch Presseleute erwarten uns. Erst nach einer guten halben Stunde sind wir entlassen, unsere Lamas am Brunnen des Palazzo dei Priori zu tränken und die Abendsonne zu genießen. Unser heutiger Gastgeber holt uns ab und führt uns zum Nachtlager für die Lamas, einem kleinen Freizeitgrundstück in einer etruskischen Nekropole außerhalb der Stadtmauern.

30. März // Erkenntnisse

Mir ist gestern klar geworden, dass kein Weg daran vorbeiführt, meine Situation anzunehmen und die Realität zu akzeptieren. Die Frage, wie ich mit all dem sinnvoll umgehen und die Krankheit irgendwann bewältigen kann, hat mich in der Nacht umgetrieben. Die Hoffnung allein wird nicht helfen können. Sie kann nur auf Erreichbares gerichtet sein – auf Fortschritte in der Medizin oder auf die Wirkung von Maßnahmen und Medikamenten, die mir eine Verlängerung des Lebens mit der Krankheit ermöglichen sollen. Auf eine vollständige Heilung zu hoffen, wäre schlicht realitätsfremd, denn dann wäre die Hoffnung eine Kategorie der Verdrängung. Die Nacht hat mich unruhig in den heutigen Karfreitag entlassen.

Als wir unsere drei tierischen Weggefährten abholen, bietet sich uns ein besorgniserregendes Bild. Erwartet hatten wir den Anblick einer ordentlich abgeweideten Grasfläche. Stattdessen ist die Wiese mit flüssigen Ausscheidungen übersät. Luigi hat es offenbar am schlimmsten erwischt, Walter muss das Fell an seiner Hinterseite mit Wasser und Bürste ordentlich bearbeiten, um die Spuren zu entfernen. Dann sieht er sich seine Lieblinge genauer an. Nach einigem Überlegen steht fest: die heutige, leichte Etappe, 16 Kilometer bis nach Vetralla, sollten mit den drei Tieren machbar sein.

Die Via Cava di S. Antonio wurde in etruskischer Zeit erbaut und zu einem großen Teil in die bis zu 15 Meter hohen Tuffsteinfelsen geschlagen. Zwischen den Felsformationen geht es durch den Wald, der sein grünes Dach über uns ausbreitet. Derartige Wege dienten früher offenbar als Verbindung zwischen den großen Nekropolen. Überall an den Wänden sind Symbole und Zeichen in den Tuffstein gehauen worden, die auf einen etruskischen Totenkult hinweisen. Im Mittelalter hat die Kirche die Deutungshoheit übernommen, indem kleine Nischen mit Heiligenbildern und Altären eingerichtet wurden. Der alte Kult sollte übertüncht und ein für alle Mal überwunden werden.

Beeindruckt von diesem Naturschauspiel laufen unsere drei Jungs mit unsicherem Blick durch die hoch aufragenden Tuffsteinwände. Nach einigen Kilometern gibt uns der Felsen wieder frei, und es öffnet sich uns ein Blick auf das vor uns liegende weite Tal: Olivenbäume, so weit das Auge reicht. Ein Gebiet, in dem römische Patrizier ihre Landsitze errichtet hatten, beheizt durch die überall sprudelnden Thermalquellen. Auch hier sind jede Menge Schafherden unterwegs. Als wir an einem Futtertrog haltmachen, lerne ich, wie Schafe gemolken werden. An jeder Seite stehen etwa 15 Schafe, ihre Köpfe ragen in den Trog hinein, zwischen senkrecht angebrachten Stangen sind ihre Hälse festgemacht. Der Hirte tritt von hinten an die Euter, melkt und befreit dann jedes gerade gemolkene Schaf, sobald es keine Milch mehr gibt. Ein kurioses Spektakel.

In südlicher Richtung erreichen wir bei strömendem Regen die Antica Locanda della Francigena, unser heutiges Nachtquartier. In Vetralla sollte heute Abend eigentlich auf dem Stadtplatz die Passion Christi aufgeführt werden, ein jährlich stattfindendes Laienschauspiel mit historischen Kostümen. Witterungsbedingt ist die Veranstaltung in die Kirche verlegt worden. Wir sind dabei, und das Erlebnis klingt lange nach.

Die Leidensgeschichte Jesu wird, beginnend mit dem letzten Abendmahl, eindrücklich dargestellt. Wie er seinen Jüngern die Füße wäscht und Brot und Wein mit ihnen teilt – als Zeichen der Verbundenheit – und als Ankündigung seines Leidens. Im Garten Getsemani betet er und hält den Versuchungen Satans stand. Von Judas Iskariot für 30 Silberlinge verraten, verhaftet man ihn. Die Anklage der Pharisäer lautet: Blasphemie, Gotteslästerung. Die Gelehrten und das aufgeregte Volk fordern seinen Tod. Die Lage ist derart bedrohlich, dass Petrus leugnet, Jesus zu kennen, um nicht selbst in Gefahr zu geraten. Ganz so, wie es Jesus vorhergesagt hatte: »Ehe der Hahn dreimal kräht …«

Als Jesus dem römischen Statthalter Pontius Pilatus zur Vollstreckung des Todesurteils vorgeführt wird, sieht dieser keinen Grund für eine Hinrichtung.

Auch Herodes, dem Jesus anschließend überstellt wird, stellt fest, dass es keine Grundlage für das Todesurteil gibt. Schließlich wird der Angeklagte nochmals Pontius Pilatus vorgeführt, der das Volk entscheiden lässt: Barabbas oder Jesus?

Der Verbrecher wird am Ende freigelassen, Gottes Sohn hingerichtet. Pontius Pilatus wäscht seine Hände symbolisch in Unschuld.

Jesus muss das Kreuz, an dem er hingerichtet werden soll, selbst durch Jerusalem bis nach Golgatha tragen. Unter der Last des Kreuzes und den Peitschenhieben der römischen Soldaten stürzt er mehrfach und bricht schließlich zusammen. Wahllos wird Simon von Cyrene hinzugezogen und gezwungen, das Kreuz mitzutragen.

Als Jesus ans Kreuz genagelt wird, verhöhnen ihn die Schaulustigen, und er zeigt ein weiteres Mal seine Größe, indem er für diejenigen, die ihn umbringen und dabei verspotten, betet. Seine Mutter Maria muss dies alles hilflos mitansehen.

Im Angesicht des Todes stellt Jesus sich seiner letzten Versuchung, der Angst, von Gott aufgegeben worden zu sein. Dann stirbt er mit den Worten: »Es ist vollbracht!« Mit dem Bild des toten Jesus in den Armen seiner Mutter endet das grausame Spektakel, das uns die Geschichte der Kreuzigung Jesu Christi in einer unerhörten, beinahe unerträglichen darstellerischen Dichte und Realitätsnähe vermittelt hat. Schweigend verlassen wir die Kirche.

31. MÄRZ // GEHEN ODER BLEIBEN?

Monika hat es sich nicht nehmen lassen, uns zumindest über die Ostertage zu begleiten, und ist spätabends mit dem Zug angekommen. Sie staunt nicht schlecht über meine gute psychische Verfassung. Das hatte sie so nicht erwartet. Heute ist der 40. Tag unserer Reise. Meine Frau freut sich sichtlich auf die gemeinsame Etappe, die uns nach Sutri führen soll. Gestern Abend hat sie mich nach den Passionsspielen in nachdenklicher Stimmung vorgefunden. Noch bis tief in die Nacht hinein haben wir miteinander gesprochen. Ich habe ihr von meiner Begegnung im Suganertal erzählt, von Höhen und Tiefen bei der Bewältigung des bisherigen Weges. Von der Hoffnung, die sich nicht einstellen wollte, und von dem Bild des guten Hirten, der sich schließlich opfert, um seine Schafe zu retten. Ein Bild, das sich mir auf der Reise immer wieder gezeigt hat. Seit gestern hat es eine neue Dimension bekommen. Viel realer und grausamer als bisher gesehen hat mich die Darstellung erschüttert. Der tiefe Schmerz und all das Leid dieses Opfergangs lagen für mich bislang unter den Schichten abstrakter, eher philosophischer Betrachtungsweisen verborgen. Die ganze Pilgerreise hindurch habe ich Tom noch nie so nachdenklich gesehen wie am gestrigen Karfreitag. Wir alle waren zutiefst beeindruckt, ja verstört.

Während des Frühstücks will kein Gespräch in Gang kommen, wir sitzen nachdenklich und in uns gekehrt am Tisch. Als wir die Lamas von ihrer Weide holen, hat Luigi offensichtlich seinen Heuballen und den Wassereimer nicht angerührt. Walter meint, wir sollten versuchen, unseren Weg fortzusetzen, aber das heutige Ziel von der Entwicklung des gesundheitlichen Zustands Luigis abhängig machen.

Auf dem Weg nach Vetralla nimmt Monika den Gesprächsfaden von gestern Abend wieder auf. Sie erinnert mich daran, dass wir anlässlich des Gottesdienstes zu unserer Trauung wie auch bei Emmas Taufe den Psalm 23 als Bibelstelle ausgewählt hatten. Auch hier das Bild des Guten Hirten: »*Meine Lebenskraft bringt er zurück*« und »*Wenn ich auch wandele im finsteren Tal, ich fürchte kein Unheil, denn Du bist bei mir, Dein Stock und Dein Stab, sie trösten mich.*«

Ich hatte den Psalm bisher immer so ausgelegt, dass Gott mich sicher durch mein bzw. unser Leben führen würde, auch wenn schwierige Lebensumstände und widrige Konstellationen im Weg standen. Dass ich in solchen Zeiten Trost und Zuversicht erfahren würde. Denn im Psalm heißt es weiter: »*Du deckst mir den Tisch vor den Augen meiner Feinde, Du hast mein Haupt mit Öl gesalbt, übervoll ist mein Becher.*« Dies war lange das Leitbild meines Lebens gewesen.

Monika will wissen, ob ich die Hoffnung, die ich die ganze Zeit über unterwegs gesucht habe, nicht in meinem Glauben, gerade in Psalm 23 finden könnte. Denn die Hoffnung sei nach ihrem Verständnis vor allem die Verfügbarkeit einer Seele, die Hinwendung zu etwas. Es sei schon viel erreicht, wenn ich das Heft des Handelns wieder in die Hand nehme, auf eine gute Zukunft vertraue und so Lebenskraft zurückgewinne.

Es kann so einfach sein. Monika hat recht!

Die Fähigkeit, Leiden annehmen und ertragen zu können, die Fähigkeit, sogar das Leid anderer auf sich zu nehmen und mitzutragen, all das hat ganz sicher seinen Ursprung in der Liebe. Jesus liebt die Menschen so sehr, dass er sich selbst für sie opfert. Das Maß seiner Liebe zu uns zeigt sich in seinem Mitleid. Sein Beispiel öffnet uns die Augen für dieses höchste Maß an Humanität. Vielleicht ist es auch umgekehrt möglich, und die Liebe zu Gott kann mich dahin bringen, mein Leid nicht nur anzunehmen, sondern letztlich zu überwinden?

Walter ist klar geworden, dass Luigi spätestens in Sutri medizinisch versorgt werden muss und auch ein paar Tage Ruhe braucht, damit er anschließend die verbleibende Wegstrecke bis nach Rom schafft. Er weiß selbst, wie das Tier zu behandeln ist, und benötigt nur ein tierärztliches Attest für die notwendigen Medikamente. Nach mehreren Telefonaten ist ein Tierarzt gefunden, der sich morgen in Sutri um Luigi kümmern und die benötigten Medikamente besorgen will. Wir müssten ihn nur unbeschadet nach Sutri bringen.

Zunächst sind wir guter Dinge. Dann wird leider klar, dass dies doch nicht möglich ist. Beim Aufstieg aus Vetralla wird Luigi auf dem Weg über eine schnurgerade Eichenallee hinauf zum Kloster Regina Pacis immer langsamer. Als wir das Kloster erreichen, ist Schluss. Wir sind einigermaßen ratlos, wie es nun weitergehen soll.

Nach kurzer Beratung einigen wir uns darauf, dass Walter Luigi in einem Tiertransporter nach Sutri bringen und vor Ort eine Übernachtungsmöglichkeit für die Lamas suchen soll. Währenddessen wollen wir anderen mit Buffon und Tiento die Etappe zu Ende bringen.

Als Luigi auf den Transporter verladen wird, wirft er uns zum Abschied noch einen herzzerreißend traurigen Blick zu. Es ist schwer, das Tier derart leiden zu sehen. Und wir sind unsicher, ob wir mit ihm so bis nach Rom kommen. Hoffentlich kann Luigi bald geholfen werden. Zu allem Überfluss fängt es jetzt auch noch kurzzeitig an zu regnen.

Durch dichte Laubwälder und tiefgrüne Weiden laufen wir bis zu den Torri di Orlando, den Rolandstürmen, Resten einer römischen Totenstätte aus dem 1. Jahrhundert. Vor uns erhebt sich ein etwa 15 bis 20 Meter hoher zylindrischer Turm mit quadratischem Sockel. Daneben die Reste des Glockenturms der ehemaligen Benediktinerabtei Santa Maria in Campis aus dem 11. Jahrhundert. Beeindruckend.

Der weitere Weg nach Capranica führt uns durch Pinienalleen. Als wir den Ort erreichen, beginnt es wieder zu regnen. Scheinbar endlos geht es nun durch weite Haselnussplantagen, und auf dem letzten Wegstück schüttet es wie aus Kübeln.

Walter war erfolgreich. Er hat in Sutri zu Mittag gegessen, das Freizeitgrundstück des Wirts mit Unterstand als Nachtlager für die Lamas und für uns ein Hotel organisiert. Der Tierarzt war bereits vor Ort, um sich Luigi anzusehen und mit Walter die Behandlung zu besprechen. Es scheint ausgeschlossen, dass wir die Lamas in den nächsten zwei Tagen auf der weiteren Wegstrecke mitführen können. Sie haben sich offensichtlich Parasiten eingefangen und müssen alle medikamentös behandelt werden. Denn auch Tiento und Buffon zeigen erste Symptome. Während der Behandlung werden die drei jedenfalls absolute Ruhe benötigen. Wir bleiben erst einmal in Sutri, das steht fest.

1. APRIL // VON DEN KLEINEN OSTERERLEBNISSEN

Unsere Pilgergruppe sitzt auf den Stufen der kleinen Kapelle vor unserem Hotel. Die Sonne scheint und wärmt uns wohlig. Wegen des Termins mit dem Tierarzt besuchen wir keinen Ostersonntagsgottesdienst und haben uns stattdessen vorhin zu einer stillen Andacht in die Kapelle zurückgezogen. Ein Moment der Ruhe und Besinnung.

Der Tierarzt holt Walter ab, um mit ihm zu den Tieren zu fahren. Wir übrigen drei besichtigen die Altstadt von Sutri, die stolz und mächtig auf dem schroffen Tuffsteinhügel thront, und das in den Hang des Felsens gehauene römische Amphitheater vor den Toren der Stadt.

Die Stadt ist an diesem Ostersonntag dicht bevölkert, vor allem von Familien mit adrett herausgeputzten Kindern, die den Ostergottesdienst besucht haben und sich jetzt beim Aperitif auf ein ausgiebiges Festmahl vorbereiten. Auch wir haben in einem Restaurant einen Tisch reserviert. Der Wirt steht am offenen Feuer des Grills und bereitet Lamm zu. Dazu gibt es unter anderem frittierte Artischocken nach einem uralten römischen Rezept.

Monika erzählt mir bei einer Tasse Kaffee, wie es ihr und Emma während meiner Abwesenheit ergangen ist. Emma fehlt ihr Vater, die Mutter-Tochter-Beziehung ist nicht immer leicht zu gestalten. Emma wollte unbedingt ein paar Tage mit den Lamas und uns verbringen. Aber selbst während der Osterferien sind ihre Verpflichtungen leider zu eng getaktet gewesen, um mitzukommen.

Auch Monika habe ich all die Wochen gefehlt, sie möchte sich nicht vorstellen, dass ich noch länger wegbliebe. Die Gedanken an die Zukunft, dass sie mich vielleicht an die Krankheit verlieren könnte, seien für sie manchmal unerträglich. Sie sieht mich dabei mit dem Blick an, mit dem sie mich achtjährig bei unserem ersten Zusammentreffen im elterlichen Garten am Gardasee begrüßt hatte. Seitdem habe ich sie ins Herz geschlossen. Aber erst viel später, mit Mitte 30, waren wir so weit, dass wir uns ineinander verliebt und schließlich geheiratet haben. Während unserer Ehe galt es viele Hindernisse zu überwinden. Einiges wurde von außen an uns herangetragen, vieles lief einfach nicht glatt. Aber all das hat unseren Zusammenhalt verstärkt, die Beziehung wachsen lassen. Wir werden auch diese Situation bestehen, diese Herausforderung meistern. Wenn ich Monika jetzt ansehe, meine ich, dass wir es beide wissen. Und auch das gibt mir Hoffnung.

2. APRIL // DER WEG DER HINDERNISSE

Walter klärt uns am Frühstückstisch über den gesundheitlichen Zustand der Lamas auf. Die medikamentöse Kur gegen die Parasiten dauert fünf Tage. Während dieser Zeit sollte man die Tiere keiner körperlichen Anstrengung aussetzen. Die Lamas müssen währenddessen hier in Sutri auf der Weide bleiben. Dies bedeutet jedoch nicht, dass auch wir zur Untätigkeit verurteilt sind. Walter hat Vorkehrungen getroffen, jeden Tag schaut jemand nach den Lamas. Auch der Tierarzt hat zugesagt, in regelmäßigen Abständen die Entwicklung des Gesundheitszustands zu überwachen. Wir könnten unseren Weg also fortsetzen. Tom stellt fest, dass wir noch neun Tage Zeit haben, um Rom zu erreichen. Und er hat sich in den Kopf gesetzt, keine Etappe auf dem Pilgerweg auszulassen. Dementsprechend zeigt er sich fest entschlossen, uns wieder nach Bagno di Romagna zurück zu führen, um die Apennin-Etappe über den Passo Serra nach La Verna nachzuholen. Wir beschließen, in den nächsten beiden Tagen bis nach La Storta zu laufen, 19 Kilometer vor den Toren Roms. Von dort aus planen wir, den Zug nach Arezzo zu nehmen und dann mit einem Taxi bis nach Bagno Romagna zu fahren, dem Ausgangspunkt der Etappe über die Berge, die wir bislang ausgelassen haben.

Zu viert laufen wir in den sonnigen Tag hinein. Der Weg führt durch eine Postkartenidylle: der Frühling, der so lange auf sich warten ließ, schlägt sich nun mit voller Kraft Bahn. Tiefgrüne Wiesen, blühende Obstbäume neben Pinien in sanfter Hügellandschaft. Östlich hinter den Hügeln ragt weiß und mächtig der beinahe 3000 Meter hohe Gran Sasso d'Italia in den Himmel.

Monika und ich sind ins Gespräch vertieft. Walter und Tom halten Abstand, um uns Privatsphäre zu ermöglichen. Ich vertraue Monika an, wie sehr auch ich sie und Emma während der ganzen Reise vermisst habe. Wie mich die Liebe über diesen Weg voller Hindernisse getragen hat. Was für ein Weg! Durch das verschneite, kalte und enge Suganertal, die unerbittlich eintönigen, regnerischen und nebligen Weiten der Po-Ebene, die schlammigen Wege über den Apennin, die Weiten der Valdichiana und die geschichtsträchtige Gegend um Orvieto.

Die Hoffnung auf die eine große Liebe hat sich für mich in Monika und Emma verwirklicht. Die Liebe hat mich weit getragen, auch über diesen Weg. Daran will ich festhalten! Mir ist vollkommen klar, dass dies lediglich in dem Maße möglich sein wird, in dem ich mich den beiden immer wieder aufs Neue zuwende.

Aber was, wenn dieser Faden in der Situation, in der ich aktuell stehe, abreißt? Und er wird abreißen! Die Hoffnung muss letztlich auf ein höheres Ziel gerichtet sein. Eines, das die Liebe zu den beiden Menschen einschließt, mit denen ich am engsten verbunden bin. Wo anders wäre größtmögliche Liebe zu finden als im Transzendenten?

Vielleicht ist dies das Dilemma meines Lebens. Mein Glaube ist nicht stark genug, um mir diese Liebe zu Gott wirklich zu erschließen. Ich kenne die Botschaft, achte sie und habe sie für mein Leben angenommen – aber eben nur in der Weise, wie man jede andere Ethik in der Philosophie auch anerkennen und leben könnte. Die wahrhaftige Hinwendung zum Glauben habe ich aber auch in meinem 51. Lebensjahr noch nicht vollzogen. Ich sehe mich schlichtweg außerstande. Die Tugend eines Herzens, das auf ein Morgen schaut, wird mir verschlossen bleiben.

Jeden Tag auf dieser Pilgerreise war ich seit dem Erlebnis im Suganertal auf das Transzendente gestoßen. Ich hatte die Zeichen verstanden, aber den Schlüssel zur Hinwendung nicht gefunden.

Aus dieser düsteren Erkenntnis werde ich durch hupende Autos und laute Diskussionen gerissen. Nach Monterosi sind wir in das Tal des Treja gelangt, einem Flüsschen, das zwischen den Sabinischen Hügeln entspringt und nach etwas weniger als 40 Kilometer in den Tiber mündet. Hier am Monte Celate hat sich der Treja verschiedene Flussläufe in den Tuffsteinboden gebahnt, die an einer stark abfallenden Hangkante mehrere durchaus auch imposante Wasserfälle bilden.

Nach etwa einer weiteren halben Stunde, drei Kilometer vor Campagnano, finden wir auf einer Waldlichtung einen schönen Rastplatz und dösen in der Sonne des Nachmittags. Monika und ich sind dabei so entspannt, dass wir zur Belustigung unserer Weggefährten tatsächlich einschlafen.

3. APRIL // HARTNÄCKIGE BILDER

Mit dem erhebenden Gefühl, 42 Kilometer vor dem Ziel unserer Pilgerreise zu stehen, starten wir in die heutige Etappe, die uns nach knapp 23 Kilometer nach La Storta, einem unmittelbaren Vorort Roms, führen wird. Walter steht schon auf dem Platz vor dem Hotel und telefoniert mit einem alten Bekannten, einem Südtiroler Abgeordneten im römischen Senat, der ein Treffen mit Ministerpräsident Gentiloni koordinieren will. Die Mitteilung, dass im Palazzo Chigi Anzug- und Krawattenpflicht herrsche, quittiert Walter mit einem belustigten Lachen.

Campagnano verlassen wir in südlicher Richtung, Tom und Walter laufen in kurzen Hosen, das Wetter ist auch heute prächtig. Wir steigen in das Valle del Sorbo ab. Unberührte

Natur, Wälder mit den hier typischen Zerreichen, einer Buchenart, dazwischen Schafweiden, ein kleines Flüsschen, die Cremera. Eine bukolische Idylle. Auf einem Hügel liegt die Kirche Madonna del Sorbo, 1427 von den Karmelitern erbaut.

Nach Formello treffen wir auf eine Wegmarke der Via Francigena mit der Aufschrift: *Roma 23,7 km*. Wir sind regelrecht euphorisiert – in knapp sechs Stunden Fußmarsch könnten wir den Petersdom erreichen!

Ich hadere mit Toms Wunsch, so kurz vor unserem Ziel wieder in den Apennin zurückzukehren, um die ausgelassene Etappe nachzuholen. Mein Gott – die verschneiten Berge waren damals einfach nicht zu überwinden gewesen. Können wir das nicht einfach ausfallen lassen?

Nein, das wäre nicht richtig. Wir haben uns vorgenommen, den ganzen Weg zu Fuß zu gehen – mit den Lamas. Aber ich sehne mich danach, jetzt endlich anzukommen! Und das Ziel ist so nah!

Unterwegs ist meine Zuversicht gewachsen, dass eine positive Bewältigung meiner Krankheit möglich ist. Dies verstärkt meine Ungeduld, denn ich habe das verschrobene Gefühl, dass wahre Erkenntnis und die Ankunft in Rom zusammenfallen werden.

Wir haben haltgemacht, um einem Falkner zuzusehen, der neben den Flugkünsten seines Turmfalken auch einen mächtigen Adler präsentiert. Kurz darauf hat sich Tom den Handschuh geschnappt und sich den Adler auf den Arm setzen lassen. Wenig später tut es ihm Walter gleich. Die Freude der beiden Naturburschen ist ansteckend.

Veio, ein mächtiges etruskisches Bollwerk an der Grenze zur jungen römischen Republik, hielt deren Expansionsdrang bis ins Jahr 396 v.C. stand. Es war das Jahr, in dem der Konsulartribun Marcus Furius Camillus die Stadt mit einer Kriegslist eroberte und den ewigen Rivalen Roms dem Erdboden gleichmachte. Der Beginn des Untergangs der etruskischen Welt und des Aufstiegs Roms.

Wir laufen durch die mittelalterliche Altstadt auf der Suche nach dem Pfarramt. Die Pilgerpflicht ruft, es braucht den Stempel auf der Credenziale. Schon mehrere Tage haben wir uns nicht mehr darum gekümmert. Als wir nach längerer Suche niemanden finden, wird Tom unruhig. Wir dürfen den Zug nach Orvieto nicht verpassen. Bis zum Bahnhof von La Storta sind es noch vier Kilometer – und der Zug fährt in 45 Minuten ab. Monika wird den Zug nach Rom nehmen, um von dort nach München zurückzukehren. Die jetzt aufkommende Eile und Hektik wirft uns unvermittelt aus unserem Pilgermodus der letzten 43 Tage zurück an den Punkt, an dem wir gestartet sind.

Als wir den Bahnhof von La Storta betreten, ist unser Zug schon angekommen und wird in den nächsten zwei Minuten abfahren. Ein kurzer Kuss zum Abschied von Monika ist noch möglich, dann springen wir ins Schienenbett, überwinden zwei Gleise und hüpfen in den letzten Waggon des in der Abfahrt begriffenen Regionalzuges. Ein Polizist, der uns wegen der Aktion zur Rede stellen will, holt uns nicht mehr ein und klopft von außen wütend an die Scheiben unseres Abteils. Auf dem gegenüberliegenden Bahnsteig steht Monika – mit dem Lächeln, das sie immer dann aufsetzt, wenn sie mich für verrückt erklärt.

4. APRIL // DER FEIND DER INNERLICHKEIT

Aus unserem Hotel in der Altstadt von Orvieto treten wir in einen verregneten Morgen. Tom hat uns für heute Nachmittag Fahrkarten für die knapp eineinhalbstündige Bahnfahrt nach Arezzo gebucht. Wir haben entsprechend Zeit und machen es uns im Café gemütlich. Walter lacht plötzlich laut auf. Auf dem Nebentisch hat er die heutige Ausgabe des *Avvenire,* der größten katholischen Tageszeitung Italiens, entdeckt. Über einem Foto, das uns im Trentino auf dem Zimirlerpass zeigt, der Titel: *»Zu Fuß und im Schritt der Lamas, die Reise der Heiligen Drei Könige der anderen Art«*. Wieder dieser Vergleich, der uns zu veritablen Pfeilern christlich abendländischer Tradition stilisieren soll. Gestern war ich noch im Pilgermodus und fühlte mich entschleunigt und in gedanklicher Buße, auf der Suche nach dem Wahren und Guten. Heute wirkt der Vergleich noch irrealer, da ich immer noch mit der gegebenen Situation hadere, den Pilgerweg, den wir zu Fuß bis kurz vor Rom zurückgelegt haben, nun mit der Bahn in umgekehrter Richtung zu absolvieren.

Die 141 Kilometer lange Wegstrecke von Orvieto nach Sutri hatten wir zu Fuß in fünf Tagen zurückgelegt, in umgekehrter Richtung waren wir gestern Abend mit dem Regionalexpress etwas mehr als zwei Stunden unterwegs.

Die Situation hat auch ihr Gutes, wir haben heute Zeit für ausgiebiges Sightseeing. Erneut überkommt mich ein leiser Schauer, als ich den heute beinahe menschenleeren Dom betrete. Zu keinem Zeitpunkt auf dem Pilgerweg fühlte ich mich so nah an dem Schlüssel zur Bewältigung meiner Diagnose wie an jenem letzten Palmsonntag. Mir war die untrennbare Verbindung von Leben und Tod klar vor Augen getreten, ich hatte verstanden, dass es tatsächlich ein anderes Leben gibt.

Ein Leben, das noch kommen sollte. Eines, das Krankheit und Tod – als bloße Übergangsphase – überwunden haben wird. Ich hatte es nur nicht verstanden. Mein Gefühl hatte es wahrgenommen und mir einen kurzen tröstlichen Einblick geben können. Aber ich schreckte davor zurück, daran zu glauben. Diesen letzten finalen Schritt hatte mir die Vernunft verstellt, die sich einer derartig krassen Hinwendung an die vollkommene Abstraktion widersetzte.

Vor einem Fresko eines Seitenaltars bleibe ich unvermittelt stehen. Die Szene der Pietà, wie Jesus nach der Abnahme vom Kreuz seiner Mutter in den Schoß gelegt wurde. Hartnäckig begegnet mir dieses Bild immer wieder und damit die Feststellung: Maria war in der Lage, das unfassbare Leid auch in diesem schwersten Moment mit der Tugend eines Herzens zu überwinden, das auf ein Morgen schaut: ihrem Glauben.

Tom und Walter sind von dem Dom und seinen Dimensionen ebenfalls überwältigt. Ohne die vielen Menschen, die bei unserem letzten Besuch hier waren, erscheint alles noch gewaltiger, als wir es in Erinnerung hatten. Tom fotografiert mit der Neugierde des Kunstinteressierten jedes Detail des reich verzierten Innenraums.

Wie wir in den Kirchenbänken sitzen und dem Organisten beim Üben zuhören, wendet Tom sich an mich. Er spürt, dass seine Vorstellung, allein eine bewusstere Lebensführung könnte auch für mich eine Lösung meiner Probleme bedeuten, nicht trägt. Als ich ihm gestehe, dass er dies richtig erkannt hat, meint er, dass es viele Wege zu einem Ziel gebe. Jeder muss für sich selbst die ihm gemäße Richtung finden. Tom ermuntert mich, Vorstellungen, die bis jetzt nicht zielführend waren, einfach über Bord zu werfen und auf den Erkenntnissen, die für mich tragfähig sind, weiter aufzubauen. Es sei unnötig, mich dabei selbst zeitlich unter Druck zu setzen. Die Zeit ist der Feind der Innerlichkeit. Die behutsame Hinwendung zu etwas, was mich bewegt, hilfreich.

Meine Erwartung, die sich nach und nach auf der Pilgerreise entwickelte hatte, der Gedanke, ich würde am Ende mit der finalen Erkenntnis in Rom auf dem Petersplatz stehen, verabschiedet sich langsam. Zu glauben, dass mich die Wanderung durch halb Italien zwangsläufig zu einer Klarheit führen würde, war eine törichte Idee. Tom hat natürlich recht, den richtigen Weg muss ich selbst finden, und – egal wie lange es auch dauert – ich bin dazu entschlossen.

Als der Zug in den Bahnhof von Arezzo einfährt, ist es Abend geworden. Eine Übernachtungsmöglichkeit und eine Trattoria, in der wir zu Abend essen, sind schnell gefunden. Aber im kalten Zimmer der Pension fühle ich mich unwohl, ich habe mir am nassen Nachmittag in Orvieto eine fiebrige Erkältung zugezogen. Nicht nur deshalb schlafe ich schlecht und unruhig. Wieder einmal kreisen die Gedanken in meinem Kopf: die morgige Etappe ist anspruchsvoll, sie wird uns knapp 25 Kilometer weit über den Passo Serra und den Passo Pratelle führen. Etwa 1350 Höhenmeter sind zu überwinden. Und ich bin gesundheitlich angeschlagen.

5. APRIL // ÜBER DEN GRAT

Frühmorgens um sieben Uhr holt uns Gilberto mit seinem Wagen auf dem Platz vor dem Bahnhof ab und bringt uns zur historischen Mühle von Le Gualchiere, der Stelle, an der wir am 15. März witterungsbedingt abbrechen mussten. Gilberto ist unsicher, ob der Weg heute tatsächlich begehbar sein wird. Noch letzte Woche hätte er eine Pilgerin suchen und zurückführen müssen, die sich im hohen nassen Schnee und dem Holzbruch knapp unterhalb des Passo Serra gezwungen sah aufzugeben.

Schon der erste steile Anstieg über 500 Höhenmeter auf dem alten, gepflasterten Saumpfad, hinauf nach Nasseto, bringt mich trotz der kühlen Temperaturen gehörig ins Schwitzen. Aufgrund meiner Erkältung bekomme ich kaum Luft. Nasseto ist ein seit dem 14. Jahrhundert urkundlich nachgewiesenes landwirtschaftliches Gut, seit jeher auch Pilgerherberge. Von hier aus haben wir einen ersten fantastischen Ausblick in die Bergwelt des Apennin. Die vorgelagerten Erhebungen leuchten in der Sonne, die dahinterliegenden Gipfel verlieren sich in den tief hängenden Wolken. Zum Glück sind bislang die erwarteten Schneemassen ausgeblieben.

Bevor wir den Einstieg zum Pass erreichen, folgen wir einem engen, rutschigen und teilweise ausgesetztem Pfad auf dem Grat eines Tonsteinfelsens. Warnschilder weisen darauf hin, dass man bei nassen Witterungsverhältnissen unbedingt einen anderen Weg wählen soll.

Die nächsten 500 Höhenmeter durch einen Laubwald hinauf zum Passo Serra haben es in sich. Nass und schwer liegt der Schnee auf dem Weg, an manchen Stellen noch bis zu einem Meter hoch, dazwischen umgestürzte Bäume und abgebrochene Äste, die der Schneelast des Winters nicht standgehalten haben. Die Überwindung dieser Hindernisse auf dem an sich schon steilen Aufstieg ist mühsam und kraftraubend. Walter und Tom gehen voran und bahnen uns den Weg, indem sie Äste und kleinere Stämme, an denen kein Vorbeikommen ist, beiseiteräumen. Auf der Passhöhe angelangt, bin ich ziemlich platt.

Gilberto verabschiedet sich, er ist zuversichtlich, dass wir den restlichen Weg nach La Verna nun selbst finden werden, und steigt wieder nach Le Gualchiere ab. Unsere weitere Route

wogt in Wellen von jeweils 100 bis 200 Höhenmetern hinauf und hinab. Durch Mischwälder aus Buchen und Tannen sowie ausgedehnte Lichtungen geht es über die nächsten, kleineren Pässe. Eine Wanderung durch verwunschene Landschaft, die spirituelle Heimat des hl. Franziskus.

Erst nach knapp fünf weiteren Stunden stehen wir endlich auf dem Vorplatz der Klosteranlage von La Verna, am südlichen Ausläufer des Monte Penna. Wir übernachten hier in ehemaligen Klosterzellen. Wie bereits bei den Salesianern in Monteortone oder den Benediktinerinnen in Montefiascone hat man den Eindruck, man finde den Raum so vor, wie ihn gestern ein dort lebender Ordensmensch verlassen hat. An Schlichtheit kaum zu überbieten und irgendwie aus der Zeit gefallen, ist doch alles da, was man braucht: Bett, Nachttisch, Stuhl, Schreibtisch, Waschbecken, Kleiderhaken und ein einfaches Kreuz an der Wand.

Auch an diesem Ort herrscht ein rigider Tagesplan, die Pilger sollen sich um 22 Uhr zur Nachtruhe in ihre »Zellen« zurückziehen. Dies haben wir befolgt, aber ich kann keine Ruhe finden.

Auf dem Nachttisch liegt eine Bibel, ich schlage sie an der mit einem Bändchen markierten Stelle auf. Der Paulusbrief an die Römer: *»Denn auf Hoffnung hin sind wir gerettet …«*

Ein immer wieder zurückkehrendes Bild. Die Hoffnung auf die ins Transzendente gesteigerte Liebe. So weit war ich schon.

Der christliche Glaube ist, dass ich als Mensch von Gott erlöst werde. Diese Erlösung geschieht in der unbedingten Liebe. Einer Liebe zu Gott, der diese unauslöschlich und unanfechtbar teilt. Die dahingehende Hoffnung führt uns zum Glauben.

Aber wie ist die Vernunft zu überzeugen? Wie kann ich zum wahren Glauben finden – in ein Vertrauen an die Liebe Gottes, an die Erlösung? Mein Herz sagt längst Ja, der Verstand weigert sich beharrlich. Je weiter ich in diese Gedankenwelt eindringe, desto mehr verliere ich mich in diesem Irrgarten.

6. APRIL // VOM KAMPF GEGEN DIE HALBHERZIGKEIT

Frühmorgens bin ich aufgestanden. Der Tag verspricht sonnig und klar zu werden. Um zehn Uhr soll ein Gottesdienst stattfinden, vorher will ich mich noch etwas in den Wald zurückziehen, um meine Gedanken zu ordnen.

Von hier aus hat man eine schöne Weitsicht. Ein wunderbarer Ort, fern vom Lärm und den Umtrieben der Welt, förmlich umgeben vom Kosmos des hl. Franziskus. Sein Geist scheint hier in der Natur, die er als so ein wunderbares Geschenk empfunden und in der er das Antlitz des omnipräsenten Gottes gesehen hat, weiterzuleben.

In den Weiten der Po-Ebene war mir das mittelalterliche Bild des Purgatorio aus grauer Schulzeit eingefallen, die Vorstellung des Menschen als eines Wanderers zwischen zwei Polen, dem Guten und dem Bösen. Dies kann aber nicht Ausgangspunkt und Ziel der eigentlichen Wegstrecke des Menschen auf Erden sein. Der Weg scheint mir vielmehr die Suche nach der eigentlichen Bestimmung des Menschen zu sein. Heißt es nicht in der Bibel, wir hätten »hier keine bleibende Stadt«, sondern wir seien auf der »Suche nach der künftigen«? Wir sind heimatlos auf der Suche nach Heimat. Wir stehen in einem Spannungsfeld zwischen dem gegenwärtigen Leben, das wir als das uneigentliche wahrnehmen – auch weil es nicht dauerhaft ist – und dem anderen, dem neuen Leben, das zu erreichen wir uns gemeinsam aufgemacht haben. Vor diesem Hintergrund kann ich den Menschen weder als *homo sapiens* sehen, der im Wissen seinen Weg findet, noch als *homo faber,* der sich die irdische Welt durch sein Können und sein eigenständiges Denken zum perfekten Ort zu formen vermag. Letztlich ist er ein *homo viator,* der von einem Ursprung aus auf den Weg geschickt wird, auf dass er wieder zu ihm zurück finden möge. An die Hand gegeben ist ihm Vernunft, um seinen Weg zu erkennen, dazu die Freiheit, damit er unterwegs nicht konditioniert wird, er Richtung und Gestaltung selbst bestimmen kann. Das Ziel liegt aber an einem Ort, der erst nach Überwindung des gegenwärtigen, uneigentlichen Lebens sichtbar wird. Erst wenn der Mensch diesen letzten Schritt über den Grat tut, dann und erst dann zeigt sich das endgültige Ziel. Eine Vorstellungswelt, die sich nicht nur Christen zu eigen machen. Der Unterschied ist, dass wir Christen dieses Ziel in der Hoffnung antizipieren. Wir hoffen, dass der letzte Schritt uns das angekündigte und damit erwartbare Ziel auch wirklich zeigt. Der Schritt besteht in der Hinwendung an das Transzendente, den Glauben.

Die Glocken der Basilika reißen mich aus dem Gedanken. Walter und Tom stehen schon in einer der hinteren Kirchenbänke, als ich dazukomme. Die vorderen Bänke sind durch Novizen des Franziskanerordens aus aller Welt belegt. Sie haben einige Tage in der geistigen Heimstätte des Ordens verbracht und werden heute wieder in ihre Heimatprovinzen zurückkehren. Ein kleiner Einblick in die Weltkirche. Vom Gottesdienst bekomme ich wenig mit, zu sehr beschäftigen mich meine eigenen Gedanken.

Als Tom, Walter und ich danach auf dem Platz vor der Basilika ins Gespräch vertieft sind, begrüßt uns auf Deutsch eine Ordensschwester, wohl eine Klarissin. Dies ist der weibliche Zweig der Franziskaner, benannt nach der hl. Klara, einer Weggefährtin von Franz von Assisi. Die Ordensschwester fragt, ob wir Interesse an einem Gespräch oder gar einer Führung durch die Klosteranlage hätten. Wir bejahen freudig, und so zeigt sie uns nochmals die Basilika, die *Chiesa Maggiore,* mit den Marmorreliefs von Andrea della Robbia aus dem 15. Jahrhundert: Maria Verkündigung, die Geburt des Herrn und die Himmelfahrt Christi. Außerdem führt sie uns natürlich zur *Chiesina,* dem Kirchlein Santa Maria degli Angeli. Der Legende nach sei Maria hier dem hl. Franziskus erschienen und habe ihm die genaue Lage und Dimensionen für diesen ersten Kirchenbau in La Verna beschrieben. Wir betreten den »Gang der Wundmale«, eine knapp 100 Meter lange Wandelhalle. Vorbei an der Kapelle der Pietà gelangen wir zu einer feuchtkalten Grotte, dem sogenannten Bett des hl. Franziskus. Kaum vorstellbar, dass hier einmal ein Mensch gelebt hat. Am Ende des Gangs erreichen wir die Kreuzkapelle. An dieser Stelle soll Franziskus in der Zeit unmittelbar vor seiner Stigmatisierung gelebt haben. Hier war seine Klosterzelle.

Schließlich geleitet uns die Schwester hinaus ins Freie, auf einen Steig über den Felsabbruch. In schwindelnder Höhe, dem sogenannten *Abgrund,* geht es zur Kapelle des hl. Sebastian. Als die Schwester auf dem Rückweg merkt, dass ich nicht schwindelfrei bin, nimmt sie mich wie selbstverständlich an die Hand und hilft mir. Zurück in der Kreuzkapelle setzt sie sich auf einen kleinen Schemel und erzählt uns vom Leben und Wirken des hl. Franziskus. Von seinem Weg aus dem reichen Elternhaus hinein in ein neues Leben, das für die Erneuerung des Glaubens an das Evangelium eintritt. Weg von den Maßstäben dieser Welt: Reichtum, Macht und Ruhm – hin zur wirklichen Substanz: der Erkenntnis des Verzichts, die Franziskus frei macht für die Botschaft des Evangeliums und die Erfahrung der Liebe Gottes zu seiner Schöpfung. Jeglichen irdischen Ballast lässt er hinter sich, um mit aller Kraft körperlich und seelisch leidenden Menschen beizustehen. Die Schwester erzählt, wie glücklich es Franz von Assisi machte, Leprakranke und Aussätzige, vor denen er sich in seinem früheren Leben geekelt hatte, zu pflegen. Wie sehr ihn die Erfahrung beseelte, den Niedrigsten und Ausgestoßenen der Gesellschaft beizustehen. Wie er sich zutiefst auf seine Mitmenschen eingelassen, ihnen zugehört hatte – und wie er in allem, was er sah, das Ebenbild Gottes erkannte. Dass auch die Natur als Schöpfung Gottes zu ihm, der zuhören und sich zu öffnen wusste, gesprochen hatte. Die Legende berichtet, dass sogar die Vögel ihn bei seinem ersten Aufstieg nach La Verna freudig flügelschlagend begrüßt hätten. Franziskus sehnte sich danach, wie Jesus zu leben, dessen Werk er erneuern wollte. Eine Sehnsucht, die so weit ging, ein Glaube, der so tief war, dass er erhört wurde.

Nach Beendigung ihrer Ausführungen schweigt die Ordensschwester. Dann will sie abschließend von uns wissen, ob wir noch Fragen hätten. Wir sind derart beeindruckt von der Wirkkraft ihrer Worte, dass keiner von uns sprechen kann. Als sie uns freundlich verabschiedet und ich ihr als Letzter die Hand gebe, bin ich plötzlich hellwach. Es bricht nur so aus mir heraus, ich will wissen, wie sie zu einer derart tiefen Überzeugung kommt, was es sei, das einen zum Glauben führe. Ich hätte die Botschaft an sich verstanden, mir erschließe sich aber der Glaube daran nicht. Die Vernunft verstelle mir schlichtweg den Weg. Sie führt mich wortlos zurück in die

Wandelhalle, dorthin, wo der Sonnengesang des hl. Franziskus hängt, und fordert mich auf zu lesen. Als ich zur Stelle gelange, in der es um den Tod geht, lese ich laut:

»Gelobt seist du, mein Herr, für unsere Schwester, den leiblichen Tod; kein lebender Mensch kann ihm entrinnen. (...)
Selig, die er finden wird in deinem heiligsten Willen,
denn der zweite Tod wird ihnen kein Leid antun.«

Der Kern des christlichen Glaubens ist mir bewusst. Diese Botschaft hatte ich bereits verstanden – aber ich kann den letzten konsequenten Schritt nicht tun, ich komme nicht weiter. Die Schwester zeigt sich verunsichert von meiner Ungeduld, fasst sich aber schnell wieder und führt mich hinaus auf den sonnigen Platz ins Freie. Glaube müsse sich jedem auf seine Weise selbst erschließen, sie könne mir keinen Schlüssel in die Hand geben. Aber sie meine, aus meinem Verhalten bei der Betrachtung des Sonnengesangs verstanden zu haben, dass mich der Tod, eines der gewichtigsten Glieder der Hinwendung an den Glauben, stark beschäftige und ich mich wohl frage, worauf die gegenwärtige Existenz letztlich hinauslaufe.

Wieder gelingt es mir nicht, mich zu zügeln. So sage ich ihr, dass ich schon verstanden hätte, dass sich die Hoffnung auf das eigentliche Leben und unsere wirkliche Bestimmung, auf das Transzendente zu richten habe. Dass diese Hoffnung zugleich Ausgangspunkt wie auch Ausformung des Glaubens sei. Ausgangspunkt in der Erkenntnis der Endlichkeit der gegebenen Existenz, Ausformung in der Erkenntnis der Beschaffenheit des neuen und wirklichen Lebens. Beides bedinge sich gegenseitig. Glaube heißt, an die Verlässlichkeit der Erwartung, auf die sich unsere Hoffnung richtet, zu setzen. Meine Vernunft hindert mich daran. Sie sieht auch bei abstraktester Betrachtungsweise des neuen, eigentlichen Lebens entweder ein naiv anmutendes Bild oder einen Abgrund an Leere und bodenlosem Schrecken – das Nichts.

Die Klarissin sieht mich ernst an. Nach ihrer Meinung sei ich auf dem vollkommen richtigen Weg. Es gilt, zwischen einer Vernunft des Geistes und einer Vernunft des Herzens zu unterscheiden. Die Vernunft des Geistes habe mich zur Erkenntnis, zur Pforte des Glaubens geführt. Die Vernunft des Herzens, die mich hinein in den Glauben führen könnte, habe sich mir offensichtlich noch nicht offenbart. Der Schöpfung inhärent ist die Liebe des Schöpfers. Diese Liebe hat zum Akt der Schöpfung geführt, ist deren Bedingung und Ausgangspunkt. Und sie begleitet uns auch wieder zurück zum Schöpfer. Wenn ich mich auf diese Erkenntnis einlassen könnte, öffne sich der weitere Weg.

Das Herz ist frei, sich für die Liebe zu entscheiden oder eben nicht. Das ist die Freiheit des Menschen. Wenn er sich erst einmal aus freien Stücken dafür entschieden, eine positive Wahl getroffen hat, dann – und erst dann – kann echte, unverbrüchliche Liebe entstehen.

Diesen Zusammenhang verstanden und schließlich vollzogen, eröffnet uns die Vernunft des Herzens den Blick auf die gegenläufige Liebe, die auch der Schöpfer uns – seiner Schöpfung – entgegenbringt. Dieser letzte Schritt sei unter Ausschluss der Vernunft des Geistes zu tun, nur das Herz könne uns zu diesem Schritt veranlassen. Der Schöpfer trete erst

dann in unsere menschliche Wirklichkeit, wenn er von uns nicht nur gedacht wird, sondern wenn er auf uns zugeht und spricht. Dann erst können wir seine Sprache hören und die Zeichen verstehen, die er uns gegeben hat. Allen voran Jesus Christus, seinen Mensch gewordenen Sohn, der uns liebt und sich für uns geopfert hat. Seinem Opfer haben wir die Gewissheit Gottes zu verdanken, eines Gottes, der sich nicht auf den Schöpfungsakt selbst beschränken lässt, eines Gottes, der seine Schöpfung bis zum Ende, bis ans Ende aller Tage liebt. Im Glauben daran sind wir erlöst, haben wir Gewissheit, welches unser eigentliches Leben ist: Unser Leben sei eine Beziehung zu diesem, unserem Schöpfer.

Die Ordensschwester lächelt nun ein wenig, als sie sagt: »Unser deutscher Papst, Benedikt XVI., hat dies treffend ausgedrückt: » *… das Leben in seiner Ganzheit ist Beziehung zu dem, der die Quelle des Lebens ist. Wenn wir mit dem in Beziehung sind, der nicht stirbt, der das Leben selber ist und die Liebe selber, dann sind wir im Leben. Dann ›leben‹ wir.*«[5]

Ohne auf meine Reaktion zu warten, bittet sie darum, sich fürs Erste empfehlen zu dürfen, die Glocke zur Vesper, an der sie teilnehmen will, habe geläutet. Gerne stünde sie später für weitere Gespräche zur Verfügung. Ich solle, wenn mir danach sei, an der Pforte nach ihr fragen.

Ich setze mich an die Stelle im Wald, an der ich schon heute Morgen gesessen habe. Wir stehen in einer Beziehung mit dem, der nicht stirbt, der das Leben und die Liebe selber ist. Wenn wir das erkennen und glauben, dann sind wir im neuen, im eigentlichen Leben. Der Glaube daran ist unser eigentliches Hoffnungsversprechen.

Die Hoffnung der Frau aus dem Suganertal muss auf die Verheißung dieses neuen, wahren Lebens ausgerichtet gewesen sein. Ihre Hoffnung hatte im gegenwärtigen Leben keine Grundlage mehr finden können, und so hat sie die Grenze überschritten, hin zum eigentlichen Leben. Unbewusst hat sie mich mitgenommen auf der Reise dorthin. Nicht ich war, wie ich fälschlich vermutet hatte, ihr Fackelträger der Hoffnung – sondern sie hatte mich zum wahren Leben geführt. Meine Offenheit, ihr Leid mitzutragen, ihr ein Gefährte in der Einsamkeit ihres Leids sein zu wollen, hatte mir das unfassbare Geschenk dieser Erkenntnis beschert.

Der Pilgerweg hat die Blindheit des hektischen Alltags von mir genommen, mir Zeit geschenkt, Begegnungen erlaubt, Zeichen gegeben und mich zu einem gelehrigen Schüler gemacht. Ich habe erkannt, dass das Leid nicht aus unserem gegenwärtigen Leben verbannt werden kann. Dass man sich beim Versuch, es zu begrenzen und zu bekämpfen, sinnlos aufreiben würde. Ich will mich meinem Leid nicht entziehen, will mich nicht im Versuch aufreiben, es aus meinem Leben auszuschließen. Ich will stattdessen meine Kraft nutzen, um meine Probleme anzunehmen und zu bewältigen – wie ich es seit jeher mache.

Mir war immer unbewusst klar, dass ich meine Krankheit annehmen, in der Herausforderung reifen und einen tieferen Sinn darin finden muss. Jetzt habe ich erkannt, dass die Krankheit mir das Hoffnungsversprechen des wahren Lebens nahegebracht hat. Es war mir, wie der Pilgerweg selbst, kein leichter Weg. Ich habe aber nicht vor der Mühsal und dem Schmerz kapituliert, die sich dem Suchenden im Ringen um die Wahrheit, das Gute und die Liebe entgegenstellen. In dieser Erkenntnis wird mir alles leichter. Die psychische Anspannung fällt ab, eine Befreiung der Seele in einem bisher nicht gekannten Ausmaß stellt sich ein.

7. APRIL // DAS UNERMESSLICH WEITE SPEKTRUM

Walter hat uns gestern Nachmittag verlassen und ist nach Arezzo zurückgefahren, wo seine Frau Sabine und Claudia, eine Freundin, die den Jeep mit dem Lama-Anhänger gefahren hat, auf ihn warteten. Nach dem Frühstück suche ich nach der Ordensschwester, ich würde mich gerne von ihr verabschieden. Als ich an der Pforte vor einem liebenswürdigen Franziskaner stehe, fällt mir auf, dass ich noch nicht einmal ihren Namen kenne. Er weiß, wen ich meine, muss mir aber leider mitteilen, dass er sie gerade nicht erreichen kann.

Tom wartet am Ausgang auf mich. Wir wollen den Franziskusweg bis nach Pieve S. Stefano laufen, dort übernachten und übermorgen Walter, Sabine und Claudia treffen. Wir steigen bei wolkenlos sonnigem Wetter den Monte Penna hinab, diesmal in östlicher Richtung durch ausgedehnte Buchenwälder und über Waldboden mit moosbedeckten Steinen.

Ich hatte mich gestern für längere Zeit aus unserer Pilgergemeinschaft entfernt. Es ist an der Zeit, Tom zu berichten, was mich umtreibt. In Orvieto hatte ich das Gefühl, dass er mein geistiges Treiben mit Argwohn betrachtet, meine Beschäftigung mit der christlichen Hoffnung lediglich als Verdrängungsstrategie wahrnimmt. Als Verlagerung meiner gesundheitlichen Probleme in eine höhere Kategorie des Glaubens, eine Flucht in die Unendlichkeit. Kurzum, dass ich einen Weg suche, der es mir erspart, mein derzeitiges Leben zu verändern.

Ich berichte von meinem gestrigen Erlebnis, von der Vernunft des Herzens, die mir einen Zugang zum wahren Leben eröffnet hat. Eine Erkenntnis, die mir Kraft und Zuversicht für das hier und jetzt, unser gegenwärtiges Leben, gegeben hat. Dass ich daraus gelernt habe, das Leben selbst als unbeschreibliches Geschenk wertzuschätzen.

Offensichtlich kann ich Toms Zweifel ausräumen. Er greift das Bild des *homo viator* nochmals auf. Auf der Pilgerreise habe es sich ihm immer wieder als Bild seines Ursprungs und seiner Wurzeln aufgedrängt. Der Lebensweg, den wir drei bis jetzt absolviert hätten, war weit, voller Veränderungen und Umbrüche, Erfolge, Niederlagen, Entwicklungen.

Der Ursprung, unsere gemeinsamen Wurzeln sind mit dem Ritten in Südtirol verbunden. Die gemeinsame Zeit dort auf dem Berg hat uns drei wesentlich geprägt; die Verbundenheit mit der Natur, dem kargen Leben, dem einfachen und offenen Menschenschlag. Tom erinnert sich, wie wir vor vielen Jahren versucht haben, dieser Welt zu entfliehen, angetrieben von der Neugierde der Jugend. Wie wir nach ersten Gehversuchen in der Fremde schließlich zum Hochschulstudium ausgezogen sind – er nach Innsbruck, ich nach München. Wie sein beruflicher Weg ihn nach Wien und schließlich nach Brasilien verschlagen hat. Wie wir unseren Weg gegangen sind, uns selbst verwirklicht, die Chancen genutzt haben. All diese Jahre waren wir im Herzen mit dem Berg, unserer Heimat, verbunden geblieben; das hatte uns Identität und Wurzeln gegeben. Schließlich sind wir zu unseren Wurzeln zurückgekehrt. Zuerst hatte sich Tom ein Haus auf dem Grundbesitz seiner Familie in Oberbozen gebaut. Wie er hörte, dass auch ich ein Anwesen am Berg gekauft hatte, war er überrascht vom Zeitpunkt – aber keineswegs von der Tatsache meiner Rückkehr. Ein Weg weit hinein in das Leben, getragen von der Liebe zur Heimat. Zurück auf den Berg, der uns in all den Jahren der Wanderschaft gefehlt hatte. Auch ein Weg zurück in unsere Freundschaft. Beide *homines viatores,* waren wir an unserem Ziel angelangt.

Am Fuß des Monte Penna öffnet sich die Landschaft: sanfte grüne Hügel, an den Hängen vereinzelt Nadelgehölz. Das Gehen bereitet uns keine Schwierigkeiten, wir werden förmlich getragen von unserem Gespräch. Tom will von mir wissen, wie man denn am besten ein Leben gestalten sollte, wenn man von vornherein wüsste, dass man nur noch zehn Jahre zu leben hätte – und keinen Tag länger.

Eine gute Frage. Natürlich ließe die Kenntnis der Befristung viele wichtige Lebensentscheidungen in einem anderen Licht erscheinen. Aber wir sind in der glücklichen Lage, dass wir das Ziel unseres inneren Weges bereits erreicht haben. Es gilt, die Zeit, die uns gegeben ist – dieses wunderbare Geschenk Leben –, mit ganzem Herzen anzunehmen und sinnhaft auszufüllen. Fürs Erste bin ich dankbar, mit ihm und Walter den gemeinsamen Weg Richtung Rom eingeschlagen zu haben, von dem ich bereits heute weiß, dass er mein Leben nachhaltig verändert hat, was immer die nächsten Jahre auch für uns bringen mögen.

Tom hat auf unserer Pilgerreise eine wichtige Erfahrung gemacht: Weniger ist mehr! Die Wahrnehmung sei wirklich krass, wenn man sich zwei Situationen vor Augen führe. Zum einen die wenigen überlebenswichtigen Dinge, die in einen Rucksack passen, den wir aus eigener Kraft Hunderte von Kilometern getragen haben. Und zum anderen die unsagbar vielen Dinge, die er zu Hause oder am Arbeitsplatz um sich hat. Manches, was er seit Jahren hortet – aber nachweislich nicht wirklich benötigt! Unterwegs hat er sich mit der Frage beschäftigt, was er von all seinem Besitz in Zukunft noch wirklich brauche. Dabei geht es nicht nur um die materiellen Dinge; auch die Vielzahl von Informationen, Zielsetzungen, Bekanntschaften und Freundschaften, mit denen er sich Tag für Tag auseinandersetze, sei erdrückend.

Ja, so geht es mir auch. Und vermutlich sehr vielen Menschen. Wir wissen oft gar nicht mehr, womit wir uns zuerst beschäftigen sollen, so groß ist die Bandbreite der Möglichkeiten, Anforderungen und Ablenkungen. Wer sich an vielem gleichzeitig abarbeitet, hat keine Zeit, sich mit dem Einzelnen gründlich zu beschäftigen. Die Vielfalt geht zulasten von Tiefe im Detail. Wie könnte es anders sein? Wenn neben jeder Spur, der wir folgen, direkt weitere unsere Aufmerksamkeit fordern, können wir eigentlich kaum noch eine wesentliche Frage bis zum Ende denken und den Dingen auf den Grund gehen. Ich habe es selbst auf unserer Reise mehrfach erlebt. Mein Kopf war derart damit beschäftigt, alle Möglichkeiten zu durchdenken, dass ich selbst die einfachsten Fragen kaum beantworten konnte. Worin kann Hoffnung begründet sein? Es lag auf der Hand – aber es erschloss sich mir nicht.

Durch die permanente Jagd nach dem Neuen, dem noch Interessanteren und vielleicht mehr Erfolg Versprechenden, versäumen wir das Wesentliche. Wertvolle Erkenntnis bleibt verborgen, Liebloses stellt sich ein – auch im Umgang mit uns selbst. Beziehungen leiden, Zuversicht geht verloren. Wirklich Wichtiges gerät uns für lange Zeit schlicht aus dem Blick. Denn erst in der Intensität der Auseinandersetzung und in der Tiefe unserer Beziehungen liegt doch die wahre Qualität, die eine nachhaltige Entwicklung überhaupt möglich macht. Dies haben wir drei auf dem Pilgerweg erfahren. Auf uns gestellt hatten wir Zeit, uns eingehend mit uns selbst und der Sinnfrage zu beschäftigen.

Walter hatte am Ruhetag in Montefiascone von einer verschworenen Pilgergemeinschaft gesprochen, in der aus Vertrautheit großes Vertrauen wuchs – und echte Freundschaft. Unser spärliches Gepäck auf dem Rücken hatte sich als ausreichend herausgestellt. Für jede Situation des Weges hatten wir alles Notwendige dabei – oder konnten improvisieren. Tom strahlt, während er feststellt, dass er mit zwei Kameraden losgelaufen ist, die ihm unterwegs zu wertvollen Freunden geworden sind.

Auf einer Hügelkuppe lassen wir uns unter einem Holzkreuz nieder, um unser mitgebrachtes Mittagessen zu verzehren. In der wärmenden Frühlingssonne gibt sich Tom weiteren

Gedanken hin. Eine wesentliche Erfahrung seines Lebens und auch dieser Pilgerreise sei das »Wunder vorteilhafter Fügungen«. So hatte Walter ihm eher beiläufig bei einer zufälligen Begegnung von seinem seit Jahren gehegten Wunsch erzählt: eine Pilgerreise nach Rom – mit Lamas. Blitzschnell war Tom klar gewesen, dass dies ein idealer Auftakt für sein geplantes Sabbatjahr sein könnte. Es hatte sich einfach direkt gut angefühlt, deshalb hatte er sofort zugestimmt. Die zweite glückliche Fügung war dann, dass ich in dem Moment am Kaserhof auftauchte, als die beiden wegen der konkreten Planung des Vorhabens zusammensaßen.

Ich weiß noch genau, wie ich von der Idee wie elektrisiert war. Deshalb habe ich mich ohne langes Zögern auf das Ungewisse eingelassen. Walter kannte ich zu diesem Zeitpunkt nur oberflächlich. Und Tom und ich hatten uns schon seit einiger Zeit aus den Augen verloren. Unsere Jugendfreundschaft war unter vielen Schichten verschüttet worden: die räumliche Distanz zwischen Südtirol und München, berufliche Verpflichtungen und der damit einhergehende Stress. Familiengründung, Hausbau, Karriere; schließlich die Pflege alter und kranker Eltern – da blieb schlicht zu wenig Zeit für anderes.

Wir drei sind planende, vorausschauende Menschen, die durchaus versuchen, ihre Zukunft bewusst zu gestalten. In der Lage auf Unerwartetes, Unplanbares und Hindernisse flexibel und positiv zu reagieren. Nun mögen wir drei bisher sehr viel Glück oder einen Schutzengel gehabt haben, aber es lag sicherlich auch an dieser positiven, vertrauensvollen Art, die Dinge anzugehen, dass vieles gelang.

Auf den ersten Blick erscheinen manche Begebenheiten widrig und bedrohlich, aber Tom hat in seinem Leben und auch auf der Pilgerreise immer wieder erlebt, dass manchen Begebenheiten ein tieferer Sinn oder ein besonderes Potenzial innewohnt. Oft waren es Wegkreuzungen, an denen man sich für eine Richtung entscheiden musste; da schwang Unsicherheit mit. Aber am Ende war der gewählte Weg deswegen gefühlt der richtige, weil es der eigene war! Aus einer auf den ersten Blick feindseligen Begegnung wurde mitunter eine wertvolle Bekanntschaft, wenn wir uns darauf einlassen.

Als wir am Nachmittag langsam über die Hügel ins Tal absteigen, sprechen wir über eine weitere Gemeinsamkeit: unsere Leidenschaft, das Leben zu gestalten.

Wo ich bin, da bin ich ganz! Das ist seit jeher ein wichtiges Leitmotiv und eine wesentliche Lebenshaltung für Tom. Und das verbindet uns, alle drei. Das, was wir tun, machen wir nicht halbherzig, sondern mit hohem emotionalem Engagement. Damit eng verbunden ist die Fähigkeit, das »Hier und Jetzt« bewusst wahrzunehmen und es freudig mit allen Sinnen zu leben! Diese Haltung hat uns unterwegs immer wieder das Wohlwollen gleichgesinnter Menschen eingebracht. Tom ist aufgefallen, dass es oftmals die kleinen Dinge waren, die uns wichtig wurden: die stillen Momente, Beobachtungen am Wegesrand, das auf den ersten Blick Unscheinbare. Es entfaltete seine Wirkung, blieb hängen, weil es Tiefgang hatte. Toms Worte rühren mich tief.

Es ist die Halbherzigkeit, die oftmals wie ein Schleier auf menschlichem Handeln liegt und uns dazu verleiten kann, frühzeitig und gedankenlos aufzugeben, bevor man den Dingen auf den Grund gegangen ist. Achtlos vorbeizulaufen, bevor man die wirkliche Substanz entdeckt hat. Wir haben aufkommende Halbherzigkeit mit der Leidenschaft für unseren Weg und dem Ringen um Erkenntnis, Freundschaft und Liebe bekämpft. Eine Leidenschaft, die sich für die kleinen, einfachen Dinge begeistert. Sie hat uns den Blick auf das unermesslich weite Spektrum des Lebens offenbart.

8. APRIL 2018 // GUT GEWIRKT

Tom und ich sitzen im Taxi, das uns zum Bahnhof in Arezzo bringen soll. Mit öffentlichem Nahverkehr ist das nicht machbar. Wir haben uns gestern nach der Ankunft in eines der wenigen Hotels der Stadt eingemietet.

Heute sind wir mit Walter, Sabine und Claudia in Orvieto verabredet. Als wir am Bahnhof ankommen, empfängt uns Walter freudestrahlend und berichtet dann beim Mittagessen über den Gesundheitszustand der Lamas. Die medikamentöse Therapie scheint gut gewirkt zu haben, die Ruhepause habe die Jungs zusätzlich gestärkt. Diese Entwicklung lasse es zu, ihnen die letzten paar Kilometer nach Rom und die sicherlich turbulenten zwei Tage des Aufenthalts zuzumuten.

9. APRIL // UNERBITTLICH

Der Blick aus dem Zimmerfenster verheißt ungemütliches Marschwetter. Es nieselt ohne Unterlass. Uns und den drei Lamas geht es gut, aber die Freude, das Ziel nach der wochenlangen Reise in wenigen Stunden erreichen zu können, will sich bei mir unerklärlicherweise nicht wirklich einstellen.

Beim Frühstück besprechen wir das weitere Vorgehen. Zunächst geht es zurück nach La Storta, dem Punkt, an dem wir vor drei Tagen unseren Weg nach Rom unterbrochen haben, um die Etappe über den Passo Serra nachzuholen. Von dort aus trennen uns nur noch 19 Kilometer vom Petersplatz in Rom.

Gestern hat Toms Frau Barbara für uns alle noch Zimmer in einem Bed & Breakfast ganz in der Nähe des Reitstalles und des Petersplatzes gebucht. Alles ist vorbereitet für unseren finalen Einzug in Rom.

Als wir La Storta erreichen, gießt es wie aus Kübeln, ein einziger Wolkenbruch. Aber es hilft nichts. Wir wollen nicht länger abwarten, sondern losziehen. Heute ist endlich mein Tiento wieder mit von der Partie! Trotz des Regens ist er freudig erregt voller Erwartung auf das, was heute noch kommen mag.

Wir laufen entlang der Via Cassia, die hier zur mächtigen Einfallstraße nach Rom angeschwollen ist. Nach kürzester Zeit brechen wir ab. Der starke Verkehr, der heftige Regen, Gischtfontänen, die rücksichtslose Autofahrer aufwirbeln, und hupende Lkw machen den Weg auf dem Bürgersteig entlang der Via Cassia unmöglich. Diesem Stress wollen wir unsere Tiere einfach nicht aussetzen.

Walter schlägt vor, sie wieder auf den Hänger zu verladen, um fünf Kilometer weiter, kurz nach Passieren des Grande raccordo anulare, des Autobahnrings um Rom, den Marsch fortzusetzen. So machen wir es und laden die Lamas auf dem Parkplatz eines Einkaufszentrums, ganz in der Nähe des Parco dell'Insugherata, einem weit in die Stadt hineinreichenden Naturpark, wieder aus. Der Regen ist unerbittlich, er hat an Intensität nochmals zugenommen. Nach etwa einem Kilometer sind meine Bergschuhe vollkommen durchnässt. Die staubigen, trockenen Wege haben sich durch sintflutartigen Regen in Bachläufe verwandelt. Knöcheltief waten wir durch das Wasser. Die Situation verschärft sich, als wir ein Nassbiotop durchqueren, das schon bei trockenem Wetter nur über Dammwege passierbar ist. Heute liegt eine geschlossene Wasserfläche, einem See gleich, vor uns. Wären unsere Schuhe nicht schon bis auf die Socken durchnässt, spätestens hier hätten wir den Kampf gegen die Wassermassen verloren. Es scheint uns wie eine endlose weitere Prüfung.

Nach einigem Hin und Her durch das Gewirr der Straßen erreichen wir einen gut ausgebauten Fahrrad- und Fußweg, der schließlich in einen Tunnel mündet, in dem sich der Eingang zur U-Bahn-Station des Krankenhauses Gemelli befindet. Endlich im Trockenen!

Walter versucht, telefonisch Kontakt mit dem Reitstall aufzunehmen, wo er bereits zehn Wochen im Voraus für unsere Tiere Plätze gebucht hat. Erst gut 20 Minuten später nimmt jemand den Hörer ab. Leider kann man uns nun doch keinen Platz für die Lamas anbieten, der Amtsveterinär hat Bedenken angemeldet. Es sei nicht bekannt, mit welchen Krankheitserregern sich die Lamas bei einem Marsch durch halb Italien angesteckt haben könnten. Die Gefahr einer Übertragung auf die Pferde sei zu groß. Wir sind fassungslos. Wo sollen wir jetzt unsere tierischen Mitpilger unterbringen? Was für ein Rückschlag!

Schließlich entscheiden wir, weiterzugehen und nach geeigneten Grünflächen von Sporteinrichtungen oder Ähnlichem zu

suchen. Wenige Hundert Meter südlich liegt am Fahrradweg das Gelände eines Tennisclubs. Das wäre, so scheint es uns, eigentlich ideal. Tom läutet, und tatsächlich öffnet jemand. Dann erzählt Walter dem ungläubig schauenden Platzwart von unserem Vorhaben. Der Mann will gerne helfen und telefoniert mit dem Inhaber der Anlage, der unserer Anfrage kurz und eindeutig eine Absage erteilt.

Der Platzwart hat dennoch einen guten Tipp für uns und weist auf das nahe gelegene Hotel Adagio hin, das über einen kleinen, hoteleigenen Park verfügt. Wir sollen es dort versuchen.

Walter ruft an. Die Rezeptionistin ist unschlüssig, will uns aber helfen. Allerdings muss sie zunächst mit ihrer Vorgesetzten klären, was möglich ist. Walter schlägt vor, mit den Tieren schon mal zum Hotel vorauszulaufen.

Als die Hoteldirektorin eintrifft, haben sich bereits die Rezeptionistin und nahezu die komplette Hotelmannschaft um die drei Lamas geschart. Alle reden auf ihre Chefin ein: Sie soll eine Ausnahme machen und unseren Tieren die Übernachtung im Garten erlauben. Schließlich willigt sie ein. Wir bekommen ein Zimmer im zweiten Stock mit Blick in den Garten. Die Lamas dürfen bleiben, wo sie sind, und den Hotelgarten abweiden. Noch sechs Kilometer bis zum Petersdom.

10. APRIL // DER BERG DER FREUDE

Noch spät abends haben wir gestern unsere Pilgerkluft in der Badewanne gewaschen und überall an den Heizkörpern unseres Apartments zum Trocknen aufgehängt. Am 50. Tag unserer Pilgerreise werden wir unsere Rucksäcke nicht brauchen, sondern das Nötigste in die Satteltaschen der Tiere packen. Nach eiligem Frühstück und ausgiebigem Striegeln der Lamas machen wir uns erwartungsfroh auf den Weg. Der Tag ist strahlend sonnig. Wir folgen dem gut ausgebauten Fahrrad- und Fußweg, der uns auf den Monte Mario, den Berg der Freude, führt. Ein umwerfender Blick eröffnet sich uns von hier oben auf die Kuppel des Petersdoms, die mächtig und zeitlos aus dem Häusermeer der Millionenmetropole herausragt. So haben ihn von hier aus schon viele andere Pilger in den vergangenen Jahrhunderten gesehen. Deshalb nennt man diese Erhebung den Berg der Freude!

50 Tage haben wir mit dem Weg gerungen, den über 1000 Kilometern Strecke, aber auch mit unseren Zweifeln, unseren Sehnsüchten, unseren Fehlern und unseren Wünschen. Um unsere Freundschaft und unsere Hoffnung. Wir sind kurz davor, unser Ziel in jeder Hinsicht zu erreichen. Langsam, als wollten wir die Feierlichkeit des Moments auskosten, steigen wir Monte Mario hinab in die laute und quirlige Wirklichkeit dieser jahrhundertealten Stadt. Entlang der Einfallstraße, der Via Trionfale – der Straße des Triumphs – geht es zu den Mauern des Vatikanstaats und den vatikanischen Museen. Gerade ereignet sich wieder ein heftiger Ausbruch der *Lamamania:* Autos bleiben mitten im Verkehrstrubel stehen, weil der Fahrer ein Foto von den drei Lamas machen will. Andere grüßen uns hupend und schreiend. Vespas und andere Scouter steuern den Straßenrand an, weil man hofft, unsere Tiere ein wenig

streicheln zu können. Passanten zaubert der Anblick der Lamas ein Lachen ins Gesicht. Selfiekids verewigen sich laut lachend und kreischend in jeder nur erdenklichen Pose.

Auf dem Petersplatz angekommen, gönnen wir uns keinen Aufenthalt, morgen werden wir hier viel Zeit verbringen. Stattdessen laufen wir geradeaus auf die Engelsburg zu. Links und rechts winken Passanten. Touristen aus aller Herren Länder sprechen uns an, wollen uns die Hand geben, mehr über uns erfahren, die Tiere streicheln. Auf dem Platz vor der Engelsburg bitten als Legionäre verkleidete Männer, die sich ansonsten für kleines Geld mit den Touristen abbilden lassen, um ein Erinnerungsfoto mit uns. Der weitere Weg über den Ponte Sant'Angelo auf den Lungotevere entwickelt sich zu einer Mischung aus Triumphzug und Spießrutenlauf. Der Verkehr, der Lärm und die Abgase sind mörderisch.

Erst als wir an der Piazza Ponte Umberto I den Lungotevere verlassen und in die Seitenstraßen vordringen, ebbt der Verkehr ab und hört schließlich in der Fußgängerzone kurz vor der Piazza di Montecitorio auf.

In der unmittelbar auf den Platz führenden kleinen Gasse fällt uns ein Tourist auf, der nicht in die Norm zu passen scheint. Dunkle Sonnenbrille, Baseballcap, Mantelkragen hochgeschlagen. Er folgt uns und spricht uns schließlich bei Erreichen des mit Anti-Terrorsperren, Rammschutzpollern und Absperrgittern gesicherten Platzes vor dem Regierungssitz, dem Palazzo Chigi, an. Was wir doch für tolle Tiere dabeihätten, wo wir denn herkämen, was uns nach Rom geführt habe und welches Ziel wir als Nächstes besichtigen wollten? Fragen über Fragen. Als Tom dem Mann mitteilt, dass wir um elf Uhr einen Termin im Palazzo Chigi mit Ministerpräsidenten Paolo Gentiloni wahrnehmen möchten, stoppt er uns. Dann gibt er sich zu erkennen: Es ist der Vorfeldbeobachter der zum Schutz des Regierungssitzes abgestellten Sicherheits-

beamten der Staatspolizei. Hektisch spricht er über Funk mit einem Kollegen, der den Sachverhalt abklären soll. Als dieser offensichtlich bestätigt, dass alles seine Richtigkeit hat, und grünes Licht gibt, zeigt sich der Beamte belustigt. Die Vorstellung, dass drei Typen aus dem hohen, bergigen Norden der Republik in Begleitung von drei Lamas aufgebrochen sind, um den Ministerpräsidenten zu treffen, findet er gleichsam kurios wie bemerkenswert. Wir müssen ihm die ganze Geschichte erzählen, wie wir das geschafft hätten.

Walter berichtet von einer Begegnung mit Paolo Gentiloni in seiner Oberbozner Hofschänke. Wie er ihm von seiner geplanten Lama-Pilgertour nach Rom erzählt und Herr Gentiloni ihn danach mit einem Augenzwinkern aufgefordert hat: »Wenn Sie tatsächlich mit Lamas zu Fuß nach Rom kommen, rufen Sie mich einfach an!« Dieser Aufforderung sei er nun nachgekommen. Der Vorfeldbeobachter und seine Kollegen wollen es kaum glauben. Die Stimmung ist ausgelassen.

Kurz vor elf Uhr wird es dann ernst, der Senator – Walters Bekannter – erscheint, begrüßt uns herzlich und begleitet uns durch die Sicherheitskontrolle hinauf in die Kanzlei des Ministerpräsidenten. Während der Wartezeit fällt unser Blick auf die noble Ausstattung der Räume: Marmorböden allenthal-

ben, Stofftapeten an den Wänden, davor riesige Ölgemälde und Gobelins, Kassettentüren aus Vollholz, Marmorbüsten und Skulpturen. Als wir eingelassen werden, begrüßt Herr Gentiloni Walter und Sabine mit einem Ausdruck, der Bände spricht und wohl in etwa bedeuten könnte: »Wie verrückt kann man sein?« Es entwickelt sich dann ein freundliches und lockeres Gespräch. Zum Abschied wünscht der Ministerpräsident uns einen erfolgreichen Abschluss der Pilgerreise bei unserem Treffen mit Papst Franziskus.

Die Stadtpolizei hat die östlichen und südöstlichen Abgänge vom Kapitol hinunter zu den Kaiserforen für Touristen geschlossen. Wohl deswegen, weil man von dort aus einen wunderbaren Blick auf die sonst eintrittspflichtigen Foren hat. Als wir unschlüssig und ein wenig schüchtern auf die Absperrungen zulaufen, winken uns die Stadtpolizisten zu und öffnen uns den Weg. So können wir von einer Terrasse des Kapitols einen exklusiven Blick hinunter auf die Kaiserforen, den Palatin und den gut erhaltenen Titusbogen genießen – ein Moment der Ruhe.

Auf der Via dei Fori Imperiali hält eine Polizeistreife neben uns. Eine Beamtin steigt aus und fordert uns in forschem Ton auf, die Genehmigung zum Betreten des Stadtgebiets mit

Reittieren vorzuzeigen. Walter fragt, ob sie versuchen wolle, Luigis Rücken zu besteigen. Ein Blick auf das Tier verrät ihr die Unmöglichkeit – sie lacht lauthals und verabschiedet sich freundlich.

Die Bürgersteige auf der langen Prachtstraße bis zum Kolosseum sind von Hütchenspielern, Straßenkünstlern und Musikern bevölkert. Vor dem Kolosseum selbst verdichtet sich die Masse der Touristen und Schaulustigen um uns herum derart, dass für mehrere Minuten kein Durchkommen mehr möglich ist.

Wir sind für den Nachmittag mit der Präfektur des Hauses, dem Büro des Vatikans, das unter anderem für die Organisation der Papstaudienzen zuständig ist, verabredet. Es sollen die Modalitäten der morgigen Audienz besprochen werden: der Standort der Tiere, die genauen Verhaltensregeln, Ort und Zeitpunkt des Einlasses auf den Petersplatz und die Sicherheitskontrollen.

Allerdings haben wir die Zeit aus dem Blick verloren und merken plötzlich, dass wir in Begleitung der Lamas das Büro des Vatikans nicht mehr pünktlich erreichen können. Walter und Tom sollen deshalb mit dem Taxi vorfahren, ich führe die Tiere zusammen mit Sabine und Claudia zum Petersplatz zurück. Keine leichte Aufgabe, doch zumindest ist der Weg einfach zu finden. Schnurgeradeaus über den Corso Vittorio Emmanuele II erreichen wir die gleichnamige Brücke, die uns über den Tiber führt, genau zwischen Engelsburg und Petersplatz. Walter und Tom sind anscheinend immer noch in den vatikanischen Büros beschäftigt, jedenfalls sind sie nirgendwo zu sehen.

Mich drängt es dazu, mein Versprechen gegenüber der unbekannten Frau aus dem Suganertal zu erfüllen. Jetzt ist die Gelegenheit für ein Gebet im Petersdom. Diesem Vorhaben stellt sich ein Stadtpolizist entgegen, dem der Menschenauflauf um unsere Lamas nicht verborgen geblieben ist und der unsere Tiere als Gefahr für die öffentliche Sicherheit vor dem Petersplatz wahrnimmt. Er erteilt mir und den Tieren einen Platzverweis. Wir sollen umgehend den Ort verlassen, er sei schließlich dafür verantwortlich, dass niemand Schaden nehme.

Erst auf dem Monte Mario kehrt wieder Ruhe ein. Ein kurzer Blick zurück auf die Kuppel des Petersdoms – was für ein Tag!

11. APRIL // »BETET FÜR MICH«

Um fünf Uhr morgens läutet der Wecker. Heute ist der Tag der Audienz gekommen, an dem wir Papst Franziskus sehen werden. Mit etwas Glück werden wir Gelegenheit haben, ihm unsere Geschenke, eine handgestrickte Papalina und Socken aus Alpakawolle, zu übergeben – und vielleicht auch ein paar Worte auszutauschen.

Am Vortag haben wir für den Weg vom Hotel zum Petersplatz mit den Lamas etwa eineinhalb Stunden benötigt. Man hatte Walter und Tom gestern bei dem Gespräch im Büro des Vatikans eingeschärft, mit den Tieren möglichst frühzeitig zu erscheinen, um möglichst problemlos durch die Masse der Gläubigen zum vorgegebenen Platz zu gelangen. Deshalb steigen wir heute im ersten Licht des Tages in feierlicher Stimmung erneut vom Monte Mario ab. Die Straßen Roms sind frühmorgens noch menschenleer. Das ändert sich schlagartig, als wir die Einlasstore zum Petersplatz erreichen. Lange Menschenschlangen haben sich hier bereits zu dieser frühen Stunde gebildet. Hinzu kommt, dass wir am falschen Tor stehen. Wir hätten einen der südlichen Eingänge nehmen sollen. Als wir uns in die Schlange einreihen wollen, winken die Beamten der Gendarmerie, der Polizei des Vatikans. Wir mögen nach vorne kommen. Dass wir am falschen Eingangstor stehen, scheint belanglos. Nach der Sicherheitskontrolle führt uns ein Beamter persönlich zu unseren Plätzen.

Wir staunen nicht schlecht, als wir immer weiter nach vorne gebracht werden, vorbei an den Schweizergardisten, die die einzelnen Bereiche voneinander trennen.

Alle scheinen informiert zu sein und winken uns durch, bis ganz hinauf auf den Platz zwischen der ersten Reihe und dem Altar, an dem Franziskus später zur Audienz Platz nehmen wird. Es sind auch bereits Stühle für uns bereitgestellt worden.

Was für ein erhebender Moment: Wir stehen ganz oben auf dem Platz. Vor uns sammeln sich langsam ca. 25 000 Menschen, die der heutigen Audienz beiwohnen werden. Der Zeremonienmeister, mit einer weit sichtbaren silbernen Kette auf der Brust, kommt und begrüßt uns. Dann erklärt er uns nochmals den vorgesehenen Ablauf: Der Heilige Vater wird mit seinem Papamobil zwischen uns und den Gläubigen in der ersten Reihe vorbeifahren, dann wieder zum Ausgangspunkt zurückgebracht werden, von wo aus er zu Fuß denselben Weg noch einmal abgehen wird. Voraussichtlich wird er auf uns zukommen, und wir hätten Gelegenheit, ihm die Hand zu geben, Geschenke zu überreichen und ein paar Worte mit ihm zu wechseln. Ich schaue auf meinen Tiento und denke laut: »Alles, was mit euch zusammenhängt, wird größer und noch größer.« Es ist nicht zu fassen: Wir werden wahrscheinlich die Gelegenheit bekommen, mit dem Papst zu sprechen!

Am Ende unserer kleinen Unterredung raunt uns der Zeremonienmeister noch zu, dass wir ruhig die Gruppe der Kranken und Behinderten grüßen und mit den Lamas auch gerne eine Runde durch die Gläubigen drehen dürften, um die Wartezeit bis zum Beginn der Audienz, immerhin noch knapp zwei Stunden, zu überbrücken.

Als wir in der Menge stehen und sich unsagbare Szenen der Sympathie abspielen, die Menschen wieder einmal begeistert von unseren Tieren sind, schaue ich zurück und sehe den Zeremonienmeister auf den Stufen zum Altar stehen. Unsere Blicke treffen sich, er lächelt zufrieden.

Hier ist die gesamte Welt zu Hause: Menschen verschiedenster Kulturen und Hautfarben, vereint durch den Glauben. Ein Ort tiefer Menschlichkeit.

Tom unterhält sich unermüdlich mit allen Umstehenden. Walter lächelt, während er von einem Fuß auf den anderen wippt und dabei den Hals seines Lamas umklammert hält. Sein Blick spricht Bände: »Wir haben es geschafft!«

Tiento neben mir wirkt erstaunlich gelassen, obwohl er Myriaden von Selfies und Streicheleinheiten wildfremder Menschen zu erdulden hat. Ich habe den Eindruck, er weiß, dass ich ihn keiner Gefahr aussetzen würde, dass er sich auf mich verlassen kann. So wie ich mich auf der 1070 Kilometer langen Wegstrecke auf ihn, seine Konstanz und seine Fähigkeiten verlassen habe. Wir haben in dieser Zeit eine ungewöhnliche Beziehung aufgebaut, die von gegenseitigem Vertrauen und Zuneigung geprägt ist. Das hat uns beiden Sicherheit gegeben und damit den Weg erleichtert.

Mit Orgelmusik beginnt die Audienz, Papst Franziskus fährt mit dem Papamobil zwischen uns und den anderen Gläubigen hindurch – so wie es der Zeremonienmeister angekündigt hatte –, um nach kurzer Zeit wieder zurückzukommen und denselben Weg zu Fuß abzuschreiten.

Er grüßt nach allen Seiten, segnet Kinder und spricht mit den Gläubigen in der ersten Reihe. Als er in unsere Nähe kommt, macht ihn sein Begleiter auf uns aufmerksam. Papst Franziskus dreht sich um, erblickt die Tiere und uns – und lächelt. Ein Mann, der in seiner Demut und franziskanischer Einfachheit eine ganz besondere Ausstrahlung hat. Und den von Beginn seiner Amtszeit an ein starker Nimbus des Willens zur Erneuerung umgibt.

Walter grüßt, erklärt, wo wir herkommen, und übergibt die Geschenke. Toms Worte, die er an den Heiligen Vater richtet, kann ich akustisch nicht hören; ich halte mich im Hintergrund. Erst als ein Begleiter mir von der Seite ins Ohr raunt, ich möge etwas von mir erzählen, überbringe ich die Grüße der unbekannten Frau aus dem Suganertal. Der Heilige Vater hält kurz inne, schaut uns dann alle drei an und formuliert seinerseits eine Bitte: »Betet für mich!«

Ein Satz, der uns sprachlos zurücklässt.

Seine Ansprache, die die Erneuerung des Christen in der Taufe hervorhebt, beginnt er mit der Frage, ob die anwesenden Gläubigen das Datum ihrer Taufe kennen. Als nur vereinzelte Antworten kommen, gibt er allen auf, zu Hause nachzusehen. Ein einfacher, aber liebevoll gedachter Trick, die Menschen zur Hinwendung zum Glauben zu bewegen. Er spricht vom Sakrament der Taufe und seiner Bedeutung. Erklärt, was es im Taufritus bedeutet, wenn der Priester die Eltern fragt, was sie von der Kirche für ihr Kind begehren, und diese antworten: den Glauben. Und was gibt der Glaube? Antwort: das ewige Leben!
Glaube als Substanz der Hoffnung, die das wahre Leben antizipiert. Und da ist es wieder: mein La-Verna-Erlebnis!

Am Ende der Audienz führen uns Gendarmen wieder durch die Reihen auf den Platz. Überall werden wir um Erinnerungsfotos gebeten, selbst von den anwesenden Schweizergardisten und den Hochzeitspaaren, die um den Segen des Papstes gebeten haben.

Als sich der Platz leert, steht eine Traube von Journalisten vor uns. Nach einer guten Stunde haben wir verschiedensten Sendeanstalten, von der italienischen RAI bis hin zu lateinamerikanischen Sendern, Interviews gegeben. Auch die linksliberale Tageszeitung *La Repubblica* wird in der morgigen italienweiten Ausgabe einen Artikel über uns veröffentlichen – gestern berichtete bereits das konservative Blatt *Corriere della Sera*. Dann entkommen wir der öffentlichen Aufmerksamkeit und wenden uns unserer letzten Pflicht zu: Im Pilgerbüro des Vatikans legen wir unsere Credenziali vor, um das *Testimonium peregrinationis peractae ad limine petri,* die Bestätigung der Pilgerreise nach Rom, die wir absolviert haben, zu bekommen. Die zuständige Mitarbeiterin wirft einen Blick auf die Credenziali und bleibt am Stempel der Antica Tabaccheria dell'Argine hängen. Mit einem breiten Lächeln händigt sie uns die Bestätigungen aus.

Foto: © Vatican Media/Romano Siciliani

Uns zieht es nochmals zurück auf den Petersplatz. Es ist die Sehnsucht nach einem Moment der Ruhe, einem privaten Augenblick, die uns dazu veranlasst. Die beiden Tage in Rom haben uns überwältigt, aber auch keinen Moment der Besinnung ermöglicht. Das Programm war mörderisch.

Der Platz ist inzwischen entvölkert. Wir schauen uns um, was wir aber sehen, sind nicht nur der eindrucksvolle Petersdom oder die seitlichen Säulenhallen. Es geht nicht nur um den wunderbaren Blick auf die Via della Conciliazione zum Tiber hin. Das alles sind letztlich Fassaden. Wir erkennen das innere Ziel: uns selbst und unsere Tiere als verschworene Pilge-

rgemeinschaft, die es in jeder Hinsicht geschafft hat. Wir sehen die Freundschaft, die auf einem langen Weg gewachsen ist. Eine Vertrautheit, die uns niemand mehr nehmen kann. Wir wissen, was Papst Franziskus uns auch sagen wollte, als er uns bat, für ihn zu beten: Kümmert euch um eure Mitmenschen, kümmert euch umeinander!

Als wir drei uns umarmen, spüre ich es. Dies ist es, was von unserer Reise übrig bleiben wird. Ob ich meinen gefundenen Glauben in die Zukunft werde retten können, weiß ich noch nicht. Klar ist mir nur, dass es die Hoffnung war, die mich gerettet hat. Gerettet vor dem Abgrund des Sinn- und Bodenlosen, dem Nichts, das bereits nach mir gegriffen hatte.

Foto: © picture-alliance/Claudio Peri

VON DER HOFFNUNG

Für uns Christen hat die Zukunft einen Namen,
und dieser Name ist »Hoffnung«.
Die Hoffnung ist die Tugend eines Herzens,
das sich nicht in die Dunkelheit einschließt,
das sich nicht an die Vergangenheit klammert,
das in der Gegenwart nicht einfach vor sich hin lebt,
sondern das auf ein Morgen schaut.

Papst Franziskus[6]

VIA ROMEA
PILGRIM'S CREDENTIAL
Thomas Burger
THE PILGRIM IS GOING TO: Rome
Passing Certificate
Passing Certificate
Passing Certificate
Passing Certificate
Passing Certificate
PARROCCHIA SAN BIAGIO DI ARGENTA
VIA ROMEA
VIA ROMEA
VIA ROMEA
VICE POSTULAZIONE
CAUSA P. GIANFRANCO M. CHITI
Conv. Cappuccini S. Crispino
ORVIETO (TR)
Santuario
Santa Maria del Sorbo
23-03-2018
ANTICA TABACCHERIA
DELL'ARGINE
HOTEL de PRATI
Piazza Fetonte
COMUNE DI PACIANO
PERUGIA
COMUNE DI CITTA' DELLA PIEVE
Piazza XIX Giugno, 1
06062 Città della Pieve (PG)
23-03-2018
385

EIN BLICK ZURÜCK – VOLLER DANKBARKEIT

NACHWORT VON THOMAS BURGER

Es muss noch ziemlich früh am Morgen sein, gerade erst ist es hell geworden. Soeben erwacht, zieht es mich aus der Wärme des Winterlagers ins Freie. Noch eine letzte Skitour an diesem Wochenende, bevor es nach einem ganz besonderen Jahr wieder zurück an die Arbeit geht.

Es schneit ununterbrochen, nun schon seit Tagen. Wo noch vor wenigen Wochen Felsrinnen das Grün der Almen zerfurcht haben, liegt eine meterdicke Schneedecke. Mühsam war hier das Durchkommen im letzten Sommer, auf steilen Pfaden, zu Fuß, mit schwerem Gepäck. Der Schnee hat jede Unregelmäßigkeit des Geländes ausgeglichen; nur leichte Wellen lassen vermuten, dass unter dem ganzen Weiß jener Weg liegt, den wir im letzten Jahr gegangen sind.

Der Wind haucht mir die winterliche Kälte in mein verschlafenes Gesicht. Er erinnert mich an jene Tage vor einem knappen Jahr im Trentiner Suganertal, als wir Pilger mit unseren Lamas durch den Schnee gestapft sind. Ich sehe das Bild von Tom und Tiento, seinem vierbeinigen Weggefährten, mit einem weißen Häubchen aus Schnee zwischen seinen aufgerichteten Bananenohren.

Wieder zurück in der wärmenden Hütte schaue ich durchs Fenster hinaus in die Winterlandschaft. In Gedanken gehe ich den Weg noch einmal. Und ich merke, die Erinnerung ist sehr lebendig. Der lange Weg und seine Mühen, die wunderbaren Tiere, die vielen Begegnungen und bewegenden Gespräche.

Immer wieder regt sich ein Gefühl inniger Dankbarkeit darüber, dass sich auf unserem Weg diese außerordentliche Freundschaft entwickeln konnte. Drei so grundverschiedene Persönlichkeiten, drei scheinbar unähnliche Lebensbilder … Wie entsteht in sieben Wochen gemeinsamen Weges ganz unvermittelt solche Verbundenheit?

Und weshalb vergeuden wir in unserem Leben so viel Zeit damit, uns auf einen Zeitpunkt vorzubereiten, an dem wir tun können, was wir wirklich wollen – anstatt es einfach sofort zu tun? Warum fällt es uns so schwer, uns von Lebensbildern zu lösen, die uns Mühe bereiten und uns mitunter sogar krank machen?

Für uns drei ist es auf wundersame Weise möglich geworden, zum selben Zeitpunkt etwas zu unternehmen, was jeder Einzelne von uns gerade wirklich nötig hatte. Unser Vorhaben ist irgendwie »geworden«, ohne die Notwendigkeit eines großen Plans oder aufwendige Vorbereitungen. Wie viele unserer beeindruckenden Erlebnisse waren einfach das Ergebnis von wundersamen Fügungen oder göttlicher Vorsehung, wie Tom es nennen würde! Das gemeinsame Bewusstsein um dieses unermesslich wertvolle und unerwartete Geschenk ist heute das Fundament der Freundschaft zwischen uns drei Pellegrini.

Noch immer stehe ich vor dem Fenster und schaue gedankenversunken hinaus. Meine Blicke verlieren sich im undurchdringlichen Weiß der fallenden Schneeflocken, inzwischen ist kein Horizont mehr erkennbar.

2. Februar 2019
Heute vor einem Jahr hat unsere Geschichte ihren Anfang genommen. Zu Beginn meines Auszeitjahres war sie ein Anstoß zu vielem, was ich später auf meinem Weg erleben und erfahren sollte.

Immer wieder kehren meine Gedanken zurück auf die Wege der Via Romea, zu den lachenden Gesichtern von Walter, Tom und mir bei unserer Ankunft am Petersplatz in Rom. Dankbar denke ich auch an die Zeit meiner Krankheit und den Segen der nachfolgenden Genesung.

Heute ist der Geburtstag von Thomas Mohr, einem alten Freund, mit dem ich mich von ganzem Herzen über sein zweites Leben freue!

Dank

Viele Menschen haben mich bei der Entstehung dieses Buches begleitet und mir geholfen.

Ich danke vor allem meiner Frau Monika und meiner Tochter Emma für die tatkräftige Unterstützung bei der Umsetzung der Pilgerreise und des Buchprojekts.

Meinen Freunden Dr. Thomas Burger und Walter Mair habe ich dafür zu danken, dass sie in einem schwierigen Abschnitt meines Lebens zu mir standen. Danke für eure Freundschaft. Tiento, meinem treuen Lama, gilt ebenfalls mein Dank. Es hat mich mit seiner Zuneigung und seinem Vertrauen überrascht.

Auch all den Menschen, die uns unterwegs freudig begrüßt, begleitet, bewirtet und beherbergt haben, insbesondere den Vertretern der Via Romea Germanica, gebührt unser Dank.

Ebenso auch denen, die daran mitgewirkt haben, dass aus der Idee ein Buch wurde: Thomas Petz, der mich ermutigt hat, das Buch in Angriff zu nehmen, und mir bei der Abfassung aus dem reichen Schatz seiner Erfahrung Hilfestellung gegeben hat. Ein besonderer Dank auch an Christian Tesch, der den Kontakt zum bene! Verlag hergestellt hat. Emma und Leonie ein Dank für die Recherchen zu den Lamas. Dem Verlagsleiter und Lektor Stefan Wiesner danke ich für viele wertvolle Hinweise und die vertrauensvolle Zusammenarbeit.

Es war ein langer Weg. Danke für alles!

Thomas Mohr, Jahrgang 1966, ist Jurist und Unternehmer in München. Er betreibt seit 1998 als selbstständiger Rechtsanwalt eine Kanzlei, die sich schwerpunktmäßig mit Bankenrecht, Immobilienrecht und internationalem Privatrecht im Rechtsverkehr mit Italien befasst. Mohr ist Katholik und seit 2004 mit seiner Frau Monika verheiratet. Die beiden haben eine Tochter: Emma.

QUELLENANGABEN

1 Quelle: https://www.kaserhof.it/de/tiere-am-hof/lamas.html

2 Aus der Videobotschaft von Papst Franziskus zur TED-Konferenz in Vancouver am 26. April 2017. © Libreria Editrice Vaticana, 2019

3 © Ricardo Gondim

4 Amoris laetitia – Über die Liebe in der Familie. Nachsynodales Apostolisches Schreiben von Papst Franziskus. Seite 87.

5 Enzyklika Spe Salvi von Papst Benedikt XVI. © Libreria Editrice Vaticana, 2019

6 Aus der Videobotschaft von Papst Franziskus zur TED-Konferenz in Vancouver am 26. April 2017. © Libreria Editrice Vaticana, 2019

FSC
www.fsc.org
MIX
Papier aus verantwortungsvollen Quellen
FSC® C004592

Originalausgabe September 2019

Ein Imprint der Verlagsgruppe
Droemer Knaur GmbH & Co. KG, München.

Lektorat: Stefan Wiesner
Fotos im Innenteil: Dr. Thomas Burger
Foto Seite 243: Vatican Media/Romano Siciliani
Foto Seite 246: picture-alliance/Claudio Peri
Cover- und Innengestaltung: Maike Michel
Druck und Bindung: APPL, aprinta druck, Wemding
ISBN 978-3-96340-095-7

5 4 3 2